基本からわかる

中国の法務・税務

CHINA's
Legal & Tax

Q&A

税務経理協会

はじめに
（法務編）

　森村先生と私の出会いは約 12 年前の大連に遡ります。とある日系企業の撤退案件で、当時大連に常駐されていた森村先生とお仕事をご一緒させていただき、同じ大阪出身ということで馬が合ったのか、その後も交流を続けさせていただいておりました。森村先生との出会いからちょうど 10 年が経過したころ、中国ビジネスを長年サポートしているお互いの経験を活かして、中国ビジネスに関与される方が法務と税務について、「これだけ見れば大丈夫」という 1 冊を作ろうということになり、本書の執筆企画が盛り上がりました。その後弊所に参画した竹田弁護士も交えて構想を練り、約 2 年の歳月を経て、ようやく刊行に至ることができました。

　本書のコンセプトは、中国に赴任している駐在員が日常的に直面する色々な問題について、Q&A 方式で、複雑な中国の法務と税務の制度をできるだけ平易に解説し、問題解決の糸口にできるようにした点になります。日本に比べて変化の激しい中国の制度をアップデートしていくことは大変ですが、本書は執筆時の最新版となっており、2024 年 7 月から施行された改正会社法も取り入れておりますので、これまで中国ビジネスに長年携わってこられた方にとっても参考になると確信しております。

　本書の執筆にあたっては、上海翰凌律師事務所の紀群先生、孫宇川先生、翁宏斌先生、張婷先生及び張鵬程先生から、豊富な知見に基づく的確な助言をいただき、本書をもちまして改めて御礼申し上げます。また税務経理協会の小林規明氏には、執筆のスケジュール管理から編集に至るまで、大変なご苦労をお掛けし本当に感謝しております。

　最後になりましたが、本書を手に取っていただけました皆様にとって、本書が少しでも参考になる情報となれば大変うれしく思います。

2024 年 9 月

大江橋法律事務所

弁護士　松本　亮

法務編の執筆にあたって

　本書を手に取っていただいた皆様は、中国へ赴任予定であるとか、中国事業に関与する等、中国と何らかの関わりをお持ちと思います。皆様は、中国にどんなイメージをお持ちでしょうか？　GDP世界2位の経済大国、政治の国、巨大市場、不動産バブル、人口14億、監視社会、模倣品の氾濫等、十人十色の答えがあると思いますが、中国はそのいずれもが当てはまる多層多面の社会であり、かつ変化の速い国であることは間違いありません。

　私が最初に中国へ赴任した2007年当時、本書で取り扱う法律の中には当時未制定のものも多くありましたが、それから15年ほどで飛躍的に法整備が進みました。また、中国の法律の特徴として、法律自体は90年代からあるものの、実際には適用・運用されないまま放置されていたのに、中国国内の政治状況や社会情勢の変化に合わせて、突然眠っていた法律の適用・運用が始まるケースも珍しくありません。さらに、どれだけ多くの法律が世に出たとしても、中国の広大な国土に根差す地域差や独特の商慣習を抜きに中国でビジネスをすることはできません。

　このように日本での常識が必ずしも通用しない異国の地にあって、特にここ10年ほどの間で中国に駐在した方々が異口同音に言うのは、外国企業として法律や税務を知っておくことは最終的には自社のビジネスを守り、自分達を守るということです。彼らの言葉は、一貫して中国の現場で日本企業をサポートしてきた私自身の実感でもあります。

　2021年に弁護士法人大江橋法律事務所に参画した後、同所の松本弁護士よりご友人の森村先生をご紹介いただきました。お互い長年にわたり中国に関わる者同士、共感する部分も多く、今回、それぞれの蓄積した知識と経験を平易かつ実務に根差した言葉で一冊の本に纏めようという本書の企画にもお誘いいただきました。このような機会をご提供いただきました松本先生、森村先生に改めて感謝申し上げます。

また税務経理協会の小林規明氏には、三人の執筆原稿に対して的確で、我々に初心に戻って再考を促すようなご指摘を頂戴し、大変感謝申し上げます。

　最後に、本書が中国ビジネスに関わる方々の一助になれば幸いです。

2024 年 9 月

大江橋法律事務所

弁護士　竹田　昌史

はじめに
（税務編）

　2008 年の年末、私は初めて中国の大連市に駐在員として赴任しました。そのころは日本の GDP は中国の GDP を上回っていましたが、その後皆様も御存知のとおり、加速度を増して中国は経済成長をとげていき、今では日本のGDP の 3 倍を超えるまでになり、コロナを経て日中関係も以前とは異なる状況となっています。しかしながら、経済的には日中間の取引は依然として大きなボリュームがあり、日本に定住する中国人の方も増えていることから、民間レベルでは「周りに中国国籍の方がいる。中国と仕事上の関わりがある。」という環境がもはや当たり前になってきたのではないでしょうか。

　本書では、2009 年以来 10 年以上、私が税務専門家として良き友人でもある中国人・日本人専門家とともに日々研究、整理してまいりました中国の税務について、幅広い論点を基礎的なところからなるべくわかりやすく解説をしております。私の赴任当時、日本で出版されていた中国税務関係の書籍は難しく、また地域差に関する言及も少なかったため、地方都市である大連に駐在していた私は非常に苦労をし、現地中国人専門家と二人三脚で少しずつ把握、解明をしていきました。本書ではそういった「先にここを説明してくれれば楽だったのに！」という点について、特に力を入れて解説をしております。また、各Q&A の最後に、「プラスアルファ」のコーナーを設け、既に中国の税務知識をお持ちのプロの読者の方にも楽しんでいただけるような構成にしております。中国税務実務は、日本と異なる点も多いですが、よくよく調べてみると、「なるほど！」と膝を打ちたくなるような「統治、管理の知恵」を感じ、感心することも多々あります。一筋縄ではいかない中国税務実務ですが、本書で是非、その知恵とある種の懐の深さに触れ、中国税務を楽しんでいただければ幸いです。

なお、本書は、私と同い年で 10 年来の中国業務の盟友である大江橋法律事務所上海事務所代表弁護士の松本亮先生及び同事務所弁護士の竹田昌史先生と共著で執筆しております。中国ビジネスを考える上では、法務の理解は不可欠であり、私が長年法務面で頼りにしてきた松本亮先生が法務を執筆されていますので、本書は法務、税務両面の実務をカバーした大変有用な書籍になったのではと考えております。松本先生、竹田先生ありがとうございます！

　また、いつもどおり税務経理協会の小林規明氏にも大変お世話になりました。感謝申し上げます。また、本書が執筆できたのも、筆者に関わってくださった全ての皆様のおかげです。この場を借りて日本、中国及び世界のお客様、友人の皆様に感謝申し上げます。ありがとうございます。

　本著が皆様の中国ビジネスのお役に立つことを願ってやみません。謝謝大家！

2024 年 9 月

森村国際会計グループ代表

税理士・行政書士　**森村　元**

目次
CONTENTS

第1部
法務編

第**2**部
税務編

第 1 部

法務編

Q1 知っておきたい中国の法律

この度、中国にはじめて赴任することになりました。中国は日本と異なる法律や商習慣が多く存在していると思いますが、中国でビジネスを行うにあたり、どのような法律を知っておくべきでしょうか。

A

中国の法律は日本の法律と似ている部分が多いですが、違いを意識していなければ、中国ビジネスにおいて足元をすくわれかねません。どのような法律を知っておくべきかについて、許認可関係では業界ごとに異なるものもありますが、取引上必要になる民法典、会社を運営する上で必要になる会社法、労働者との関係を規律する労働法などは、どのような業界でも共通して知っておくべき法律だと思います。

解説

中国の法令には、中央機関が定める法律、行政法規及び部門規則並びに地方機関が定める地方性法規及び地方政府規則があります。このうち中国では、中央機関が定めた法律のみならず、国務院が制定する行政法規や地方政府が制定した地方性法規等も実務上非常に重要な役割を果たしています。また、裁判においては最高人民法院が公布する司法解釈が人民法院の判断を拘束することになります。中国でビジネスを行う上では、単に法律のみに注目するのではなく、これらの他の法令にも目を配る必要があります。

次に中国の法令は、日本に比べて改正の頻度が高いため、意識的にアップデートしておかなければなりません。重要な法令の立法や改正については、全国人民代表大会や国務院のホームページで確認が可能ですが、法律事務所や会

計事務所が毎月、ニューズレターのような形で出しているものもあり、中国でビジネスをする上で参考になると思います。

　中国では、法律の改正に先立ち意見募集稿と呼ばれるパブリックコメントを求める案が出されることがあります。しかしその後の正式版が公布されることがないまま、実務上はその意見募集稿を参考に進められるということもあります。

　なお、中国では共産党による指導が実務上非常に重要な役割を果たしており、最高位の法律である憲法においても、共産党の指導の下にあると明記されています。したがって共産党大会や全人代が行われる年は特に共産党の動きに注意する必要があります。

◆ 中国における法令

憲法	中国における最高位の法律であり、国の基本制度について定めた根本法です。
法律	全国人民代表大会又はその常務委員会が制定する法令です。
国務院の行政法規	国務院が憲法及び法律に基づき制定する法令であり、法律を執行するために必要となる事項などを定めています。
地方性法規	省・自治区・直轄市及び比較的大きな市の人民代表大会及び常務委員会が、当該地方における状況に応じて、憲法、法律及び行政法規に違反しない範囲で制定する法令です。
部門規則	国務院を構成する部や委員会等が、法律、国務院の行政法規などに基づき、当該部門の権限の範囲内で制定する法令です。
地方政府規則	省・自治区・直轄市及び比較的大きな市の人民政府が、法律、行政法規及び地方性法規の執行のために必要となる事項などを定めるための法令です。
司法解釈	最高人民法院が、法律をどのように適用すべきかという問題について解釈を行ったものであり、その後の人民法院の判断を拘束することとなります。地方の人民法院も、上位の人民法院の司法解釈に反しない範囲で司法解釈を出すことができますが、法的拘束力まではないと考えられています。

◆場面ごとに関連する法令

場面	具体的な場面	関連する法令
対外的場面	販売・取引	民法典
	マーケティング・公告	広告法
会社のガバナンス等	企業の組織・運営等	会社法
従業員の管理・雇用問題	労働者	労働法
企業の財産	知的財産権	特許法・商標法
情報・データ	個人情報	個人情報保護法
	セキュリティ・重要データ	サイバーセキュリティ法・データ安全法
経済取引	公正な取引	独占禁止法・不正競争防止法
環境	環境	環境保護法

プラスα 共産党大会と全人代

　共産党大会とは5年に1度開催され、中国共産党の指導体制と今後の基本方針が決定される会議です。つまり共産党という党内の人事と今後の方針や党内の規則等が決定される場になります。各地から選ばれた代表が共産党大会に参加することになりますが、この代表は各地の共産党内部の選挙によって選任されます。共産党大会に出席する代表を選任するための選挙ですので、当然のことながら共産党の党員以外には選挙権がありません。

　中国には共産党以外にも政党が存在していますが人数が少ないため、共産党の総書記に選出されることは、中国の全人代において国家主席に選任されることにつながります。

　これに対し、全国人民代表大会（全人代）は憲法上最高の国家権力機関として位置づけられており、中国の立法機関として日本の国会に相当します。全人代は、省、自治区、直轄市及び特別行政区並びに軍隊が選出する

代表によって構成されますが、どのようにして代表が選任されるかというと、省や自治区の人民代表による間接選挙によって選出されます（日本のように全国民による選挙ではなく、既に選出された地方の人民代表による選挙によることになります）。

　すなわち、全人代は全国の人民代表大会ですが、省以下にも人民代表大会があり、それぞれ以下のような選挙方法によって人民代表が選出されます。

◆ 代表の選出方法

地域	選挙方法
全国、省、自治区、直轄市、区を設けた市、自治州	間接選挙
区を設けない市、市轄区、県、自治県、郷、民族郷、鎮	直接選挙

　なお、全人代は毎年３月頃に開催されますが、同じ時期に開催される重要な会議として、全国政治協商会議があります。これは共産党以外の党や無党派との政策の調整等を図る会議と位置づけられており、全人代と併せて両会と呼ばれたりします。

Q2 会社の機関設計

中国の有限責任会社には董事長、董事、監事及び総経理といった役職がありますが、どのような違いがあるのでしょうか。また 2024 年の 7 月 1 日から改正会社法が施行されましたが、中国企業のガバナンスに対してどのような影響がありますか。

A

会社法によれば、最高の意思決定機関は株主会とされ、株主会が決定する事項以外の重要な意思決定を董事会が行います。董事は董事会を構成するメンバーであり、そのうち 1 人が董事長です。監事は董事の業務執行に関する監視・監督を行います。また総経理は会社の日常の経営管理を行います。なお、2024 年 7 月 1 日から施行された改正会社法によれば、従業員 300 人以上の会社は原則として従業員を代表する董事を設置しなければならないといったいくつかの変更がありました。

解 説

1 中国企業のガバナンス

これまで中外合弁企業は、中外合弁企業法に基づき、董事会を最高の意思決定機関とし、株主会は設置されていませんでした。しかし、2020 年 1 月 1 日から施行された外商投資法により、中外合弁企業を含む中国企業のガバナンスは全て会社法に基づくことになりました。その結果、中外合弁企業は、外商投資法施行から 5 年間の猶予期間 (2024 年 12 月末まで) に会社法に基づくガバナンスに変更する必要があるとされています。そのため特に中外合弁企業で従来の中外合弁企業法に基づくガバナンスのままにしている場合には、2024 年 12

月末までに会社法に合致するガバナンスに変更しなければならず、早期に合弁相手との交渉を始める必要があります。

◆ ガバナンスの変更

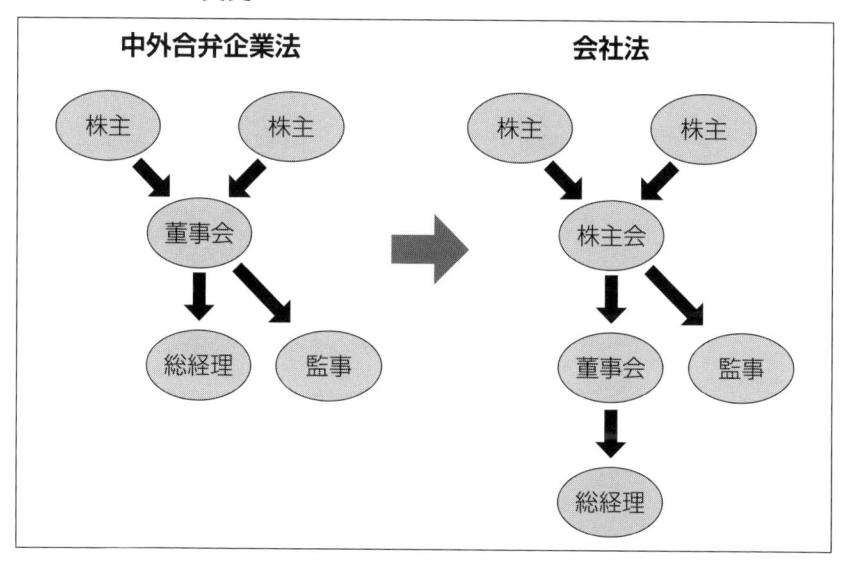

2 株主会

会社法によると、株主会は会社の最高の意思決定機関とされており、各株主は出資比率に応じて議決権を有します。中外合弁企業は、従前、董事会を最高の意思決定機関としており、各株主は董事を派遣することにより、董事会において１人１票の議決権を行使させることにより決定を行っておりました。とりわけ定款変更、増資、減資、解散、合併・分割といった重大な事項については董事会の全会一致事項でしたので、少数株主にとってもその限りで一定の拒否権を有しておりました。しかし、株主会においては、これらの事由は原則として３分の２以上の議決でよいことになりますので、出資割合が３分の１に満たない株主にとっては拒否権を行使できないことになります。この点、定款によって、これらの事由について株主会による決議要件を加重して全会一致とす

ることができるかについては、このような変更も可能と考えられていますが、地方によって異なる取扱いがあるため注意が必要です。

なお、株主が1人の場合には株主会を設置せず、株主が自らの決定によって、株主会としての権限を行使することになります。

3 董事会

会社法によると、原則として董事会を設置しなければなりません。株主会により3名以上の董事が選任され、董事会を構成することになります。また、董事長1名を置くこととされ、董事長の選任は定款によることとなります。董事会では、株主会で決定すべき重大な事項を除いて、会社に関する重要な意思決定を行うことになります。なお、比較的規模が小さい又は株主の数が少ない有限責任会社は、董事会を設置せず1名の執行董事を設置することができます（2024年の改正会社法では、執行董事という名称は削除されているものの、1名の董事を置くことができる点は維持されています）。

なお、2024年の改正会社法によれば、300人以上の従業員を有する有限責任会社の場合、法に従い監事会を設置し、その中に従業員代表がいる場合を除いて、董事会のメンバーに従業員の代表を入れなければならないとされました。

4 監事会

会社法によると、原則として監事会を設置しなければなりません。監事会は株主会にて選任された3名の監事から構成され、主に董事の業務執行に関する監視・監督や、会社の財務に関する監督を行います。なお、比較的規模が小さい又は株主の数が少ない有限責任会社は、監事会を設置せず1名の監事を設置することができます。また、全株主が全員一致で同意した場合、監事を設置しないこともできます。監事会を設置する場合には、株主代表や従業員代表も選任する必要があるとされている点に注意が必要です。

なお、2024年の改正会社法によれば、監事会の権限を行使する監査委員会を董事会に設けることができるようになり、同委員会が監事の職権を行使する

場合には監事会や監事を設置する必要がなくなりました。

5 総経理

　会社法によると、董事会は総経理を設置することができるとされており、総経理は必須の機関でありません。しかし、総経理は、日常の経営管理を行う機関であり、通常は選任されることが多いです。旧会社法49条には総経理の権限が列挙されていましたが、2024年の改正会社法74条によると、会社の定款の規定又は董事会の授権に基づき権限を行使すると規定され、列挙はされなくなりました。

> ### プラスα 2024年改正会社法
>
> 　2023年12月29日に改正会社法が公布され、2024年7月1日から施行されています。2024年の改正会社法における主な変更点は以下のとおりです。
>
> ① 有限責任会社における株主の資本金払込責任について、これまで特に期限は定められていなかったものが、5年以内に払込みを完了させる必要があることとなりました。
>
> ② 会社の支配株主や実質的支配者が、董事、監事らに指示して会社に損害を与えたような場合には、董事、監事らと連帯して責任を負う可能性があることとなりました。
>
> ③ 株主会は董事を解任することができ、決議の日をもって解任の効果が生じることになりました。ただし、正当な理由なく期間満了前に解任された董事は、会社に対して相応の損害賠償を請求できると明記されました。

Q3 董事・監事・高級管理職の責任強化

改正会社法の中で、董事、総経理、監事等の責任が強化されているという話を聞きました。従来に比べて、どのような責任が強化されたのでしょうか？

A

改正会社法では、職務の執行に関する第三者への賠償責任や、出資払込未了に関連した賠償責任、忠実義務や勤勉義務に基づく各種の禁止規定等、董事、総経理、監事等の責任が強化されています。他方で、重い責任を負う董事のための賠償責任保険に関する規定を新設しています。

解 説

改正会社法の中で、その責任の強化という観点から新規赴任者も知っておく方がよい代表的な内容としては、以下の内容が挙げられます。

1 職務の執行に関する第三者への賠償責任

改正会社法では、董事及び高級管理職者[1] の職務執行により第三者に損害が生じたとき、もし董事、高級管理職者に故意又は重大な過失があるときは、会社のみならず董事、高級管理職者も第三者に直接賠償責任を負うことが新たに規定されました（会社法 191 条）。あくまで「故意又は重過失」がある場合に限られますし、実際に責任を問われる場面はそれほど多くないと思われます。

---

1 「高級管理職」とは、会社の総経理、副総経理、財務責任者、上場会社の董事会秘書及び会社定款で特に高級管理職に指名された役職の人をいいます（改正会社法 265 条）。

もっとも、会社外部の第三者が董事や総経理等に賠償責任を請求できる余地がある旨明記された点は、注意しておく必要があります。

2　出資払込未了と董事の賠償責任

改正会社法では、出資者の出資履行義務を厳しくチェックするシステムが採用されており、その一つが董事会による出資者の払込状況の検査義務です。そして、董事会がその義務を怠ったことにより会社に損失が発生した場合、当該業務に責任を負う董事も賠償責任を負わなければいけません（会社法51条）。そのため、例えば、中外合弁企業で中国側が払込未了である場合、日本側派遣董事としては董事会で中国側への払込督促を要求すべきことになり、もしそれを怠ったときは賠償責任を負うリスクも出てくることになります。

3　忠実義務・勤勉義務の範囲の具体化

従来の会社法では、董事、監事及び高級管理職は忠実義務と勤勉義務を負うとだけ定めていました。これに対し、改正会社法では、忠実義務の中身として自分自身と会社の利益の衝突を回避し、職権を利用して不当な利益を得ることを禁止する旨を明記し、また、勤勉義務に関しては職務執行にあたり会社のために管理者としての合理的な注意義務を果たすことが明確にされました（会社法180条）。この条文を受けて、会社法では、会社取引での仲介の禁止や賄賂の禁止、近親者やその経営する会社と取引する場合の董事会又は株主会による承認といった規定を設けています。

4　董事賠償責任保険

従来、外商投資企業を含め、中国の会社の董事について賠償責任保険を付保するケースは少なかったといえます。しかし、今後は董事が賠償責任を負う場面が増え、第三者に対して直接賠償責任を負う場面も出てくる可能性があります。そのため、改正会社法では、会社による任意の判断で董事の賠償責任保険に付保できる旨を定めました。付保したときには会社として出資者への報告義

務がありますが、中国現地法人に董事として赴任される方にとっては、上記のような責任のプレッシャーがある中で、会社法で賠償責任保険への付保を推奨する趣旨の条文が新たに設けられたことは心強いかと思います。

　なお、この条文は監事や総経理を含む高級管理職への付保が禁止されるわけではないため、今後は、総経理や監事として赴任される方に関しても同様の議論が出てくると思われます。

◆ 董事・監事・高級管理職の責任

	董事	監事	高級管理職 （総経理を含む）
忠実義務、勤勉義務	○	○	○
職務執行に関する第三者への賠償責任	○	×	○
出資払込未了に関する責任	○	×	×
董事の賠償責任保険	○	×	×

プラスα　総経理、高級管理職等の責任強化と近親者を通じた不正行為の抑止

　会社法の改正内容を見ると、董事や監事、総経理などの職務執行に伴う責任が強化されるため、日本から赴任される方にとってはプレッシャーを感じるかもしれません。しかし、今回の改正は、最近、中国子会社で増えている不正行為に対する一定のけん制になるというメリットもあります。すなわち、中国子会社では人材の現地化の流れから、能力のある中国人従業員が副総経理や高級管理職に就任するケースが増えています。そのような役職に就く中国人従業員は経験豊富で社内への影響力も大きいことから、その権限を利用して社外のサプライヤーから賄賂をもらったり、自分の家族の会社を使って循環取引をしたりして私腹を肥やすケースもあります。これに対し、日本から赴任してくる日本人駐在員は、そのような噂を聞くものの、言葉の壁などもあって、放置せざるを得ないといった状況も

少なくありません。

　今回の会社法では、近親者や近親者が直接又は間接的にコントロールする会社との取引についてわざわざ条文上の文言に列記し、董事会や株主会の承認事項としています。また会社法ではありませんが、同じ時期に改正された刑法でも、民間企業の従業員が近親者や友人の利益のために自ら勤務する会社に重大な損失を与えた場合には刑法上の罪になると改正されており、会社としては、これらの法律の存在を理由に近親者等を通じた不正行為を厳格に禁止、処罰することができます。新規赴任者の方で、もし社内で不正の噂等を耳にしたときは、まずは自社の社内規則が最近の会社法や刑法の規定を反映した内容になっているか、確認してみることをお勧めします。

Q4 契約書の作成と締結

中国では仕入や販売の取引をするにあたり契約書を締結する必要はありますか。また、契約を締結する場合にはどのような点に気をつける必要がありますか。

A

中国では仕入や販売の取引をするにあたり、当事者間の合意事項を契約書として締結しておくことが望ましいです。個別の契約書を作成しておらず、PO（Purchase Order）や請書で対応されている場合であっても、PO や請書に記載のない問題が発生した場合で、仮に基本契約を作成していない場合には、民法典に従って判断されることになります。代金の支払や品質保証に至るまで民法典と異なる内容を合意する場合には、別途基本契約等を作成しておくことが重要です。

また、契約を締結するにあたっては、中国企業の公印を捺印してもらうか、法定代表者による署名をしてもらう必要があります。

解 説

1 中国の裁判における書面重視の傾向

中国の裁判では日本の裁判以上に書面（書いたもの）が重視される傾向にあります。必ずしも署名・捺印のされた書類である必要はなく、メールや WeChat のやりとりも証拠として採用されます。しかし、いわゆる口頭上の約束は証拠として採用される可能性が低く、人証による立証が事実上困難であるため、打ち合わせではそのように決まっていたのに、相手方が裁判で認めず、判決で認められないケースが多くあります。したがって、打ち合わせの結果を契約書と

して書面化しておくことは、将来の裁判を見据えると重要です。

2 署名権者

　中国で会社を代表して契約書に署名する権限を有する人は、法定代表者だけであり、法定代表者が誰かは会社の登記情報を見ればわかります。日本の代表取締役は複数置くことができますが、中国の法定代表者は 1 名だけです。法定代表者が直接契約書に署名しなければ、後日、署名権限がない者による署名であるから無効だと主張されるリスクがあります。仮に法定代表者ではない総経理や部長クラスの方にサインをもらう場合には、法定代表者からその方に対する授権委任状を発行してもらい、それを合わせて取得しておくことが重要です。

3 公印

　中国の会社には公印と呼ばれる印鑑があります。公印は政府の指定の場所で作成されたものであり、それぞれの会社に 1 つしか存在しません。したがって、法定代表者の署名がなくとも、公印さえ押していれば会社の意思表示としての効力を有することになります。ただし、日本のように印鑑証明書のようなものは発行されません。

　実務上は法定代表者の署名をもらった上で公印を押してもらっておくと、後日トラブルになった際にも、そもそも会社として承認した行為でなかったなどといった不要な論点を回避することができます。

4 言語・準拠法

　日系企業が中国企業と契約書を締結する際に必ず問題となるのが、言語をどうするか、準拠法をどうするかという点になります。

　まず、言語については特に決まりはありませんが、契約当事者双方が理解しておく必要がありますので、日本語と中国語で作成するケースが多いと思います。もっとも英語で作成する場合や、中国現地法人と中国企業間の契約であれば中国語のみで作成するケースがあります。2 つ以上の言語で作成する場合に

は、言語間の優劣関係を明確にしておく必要がありますが、双方がいずれも譲歩しない場合には同等の効力を有するとしておくケースもあります。

　次に準拠法については、日系企業の中国現地法人が契約主体となる中国法人同士の契約の場合には必ず中国法が準拠法になります。他方、日本法人と中国法人による国際間の契約の場合には準拠法をどの法律にするかは契約当事者が自由に決定することができます。

◆ 契約締結の方法

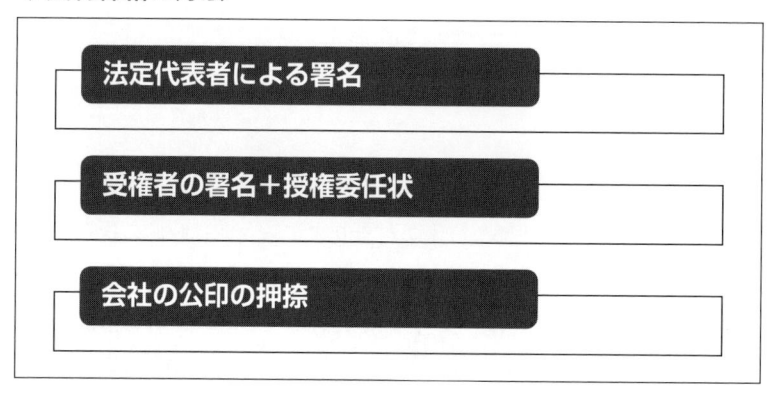

法定代表者による署名

受権者の署名＋授権委任状

会社の公印の押捺

プラスα　**中国の取引相手に関する調査**

　中国では市場監督管理局のホームページにおいて、中国国内の企業に関する基本情報を調査することが可能です。具体的には、会社名、登録住所、経営範囲、資本金、法定代表者、董事や監事に関する情報や、日本では登記義務のない株主に関する情報も調べることができます。中国の企業は経営範囲に記載されている業務しか従事することができないとされています。そのため、取引先の経営範囲にこれから行おうとしているビジネスが含まれているかどうかチェックしておく必要があります。

　ただし、市場監督管理局のホームページでは、取引相手に関する信用情報まで調査することはできないため、それらの情報を知りたい場合にはい

わゆる信用調査会社を利用する必要があります。中国で日本語でのサービスを提供している調査会社もあります。

Q5 債権回収を見据えた契約

中国では、取引相手がなかなか期限どおりに代金を支払ってくれない場合があると聞きましたが、契約締結にあたって何か気をつけておくべきことはありますか。

A

中国では契約書を締結していても、取引の相手方が期限どおりに代金を支払ってくれない場合や、分割払いの最後の一部を支払ってくれない場合があります。したがって、取引相手が期限どおりに又は全額支払ってこない場合に備えて、契約書の締結段階で、債権回収や保全を見据えた合意をしておくことが重要です。

解 説

1 増加する中国企業との取引

中国が世界の市場となるまで、多くの日本企業は他の日系中国子会社とだけ取引をすることが多かったと思います。しかし中国の経済が発展した今日、これまで日系中国子会社とのみ取引をしていた企業も、中国企業と取引をする機会が多くなっています。しかし中国企業の中には、期限どおりに代金を支払わず、あるいは分割払いの一部を支払わないところもあり、担当者が支払の催促業務に追われるというケースが多く見受けらえます。催促をして支払ってくれればまだよい方で、法的手段を採らなければ支払ってくれない場合もありますので、いかに法的に請求できる契約にしておくのかが非常に重要となります。

2　契約書の文言について

　契約書を作成しておく必要があることは Q4 で述べたとおりですが、具体的にどのような文言を入れておけば債権回収につながるのでしょうか。

　まず代金の支払時期を明確に規定しておくことが重要です。製品の検収に合格してから 5 日以内に支払うというような文言をよく見ますが、検収の合格基準が明確ではなく、買主側がなかなか合格を出さずに支払が遅れることがあります。したがって、検収の合格基準を明確にしておくか、製品の納品時を基準にするなど、客観的に判断しやすい文言にしておく方がよいと思います。

　次に代金を分割払いにするケースでは、それぞれの支払時期を明確にするとともに、期限の利益の喪失条項を入れておくことができれば債権の早期回収につながります。要するに一度でも支払を遅延したような場合には、残りの分割弁済の債務についても期限の利益を失い、即時に全額を支払わなければならないと規定しておくことになります。

　なお、仮にこのような条項がない場合には、民法典が適用されることになります。すなわち「期限の到来した未払代金の全額が全代金の 5 分の 1 に達した場合において、催告を経た後に合理的な期間内になお期限到来代金が支払われない場合は、売主は買主に対し、全代金を支払い、又は契約の解除を請求できる」(民法典 634 条) とされており、全代金の 5 分の 1 に達しない場合には、期限の利益を喪失させることができません。

　また、未払の場合に備えて遅延損害金の利率や違約金条項を定めておくことも、心理的プレッシャーを与える上で有用です。

3　担保の取得

　製品を購入してもらうにあたり支払の担保を要求することは、よほど製品に市場優位性がなければ難しいかもしれません。しかし、会社としての与信限度額を超えるような場合には、担保を提供してもらわなければ新たな取引は難しいということになる場合もあると思います。

　このような場合に中国でよく取られる担保として、不動産、設備、製品など

に対する抵当権があります。中国では日本と異なり動産に対する抵当権を設定することも可能です。

　不動産については抵当権登記が効力発生要件とされていますので、不動産取引センターにおいて抵当権登記を行う必要があります。また、動産について抵当権登録は第三者対抗要件ですが、通常は動産融資統一公開システム（中登網）にて登録されることになります。これらに抵当権を設定しておけば、万が一支払がなされないような場合には、抵当権を実行して債権の回収を行うことができます。

　次に法定代表者や関連会社による連帯保証、また法定代表者や関連会社から不動産や動産を提供してもらっての抵当権（物上保証）を取得する方法もあります。この方法のメリットは債務者となる取引相手に十分な財産がない場合であっても、他の主体の財産を引き当てにすることができるという点になります。

4　連帯保証

　連帯保証を取る場合には必ず書面によらなければなりません（民法典685条）。具体的には、①書面により個別の保証契約を締結する方法、②書面で締結される主たる債権債務契約に保証条項を入れる方法、③第三者が書面により債権者に対し一方的に保証を差し入れる方法の3つの方法があります。

　保証の範囲は、①主たる債務、②利息支払債務、③違約金支払債務、④損害賠償支払債務、⑤債権実現のための費用の支払債務が基本的に含まれますが、別途合意することも可能です（同法691条）。

　原則として主債務者が債務を履行できない場合に限って保証人が保証責任を負う一般保証（同法687条）と異なり、連帯保証は主債務者と同様の責任を連帯して負う保証になります。いずれの方式を採用するのか合意がない又は合意が明確ではない場合、一般保証の方式とされます（同法686条2項）ので、連帯保証を取る場合には、書面により、必ず連帯保証であることがわかるよう明記する必要があります。

　ここで日本法にない概念として保証期間というものがあります。これは保証

人が保証責任を負うことを確定する期間であり、中止、中断又は延長されません。仮に保証期間内に保証人の責任を追及しなかった場合、保証人は保証責任を負う必要がなくなります。保証期間の合意がない場合は 6 か月間とされ、その起算点は主債務の履行期限の満了日とされています。

　一般保証の場合には、債権者は保証期間内に、債務者に対する訴訟の提起又は仲裁の申立をする必要があります。他方連帯保証の場合には、債権者は保証期間内に、保証人に対する保証責任の追及をすれば足りるとされており、裁判提起や仲裁申立までは不要とされています。

◆ 債権回収に向けた準備

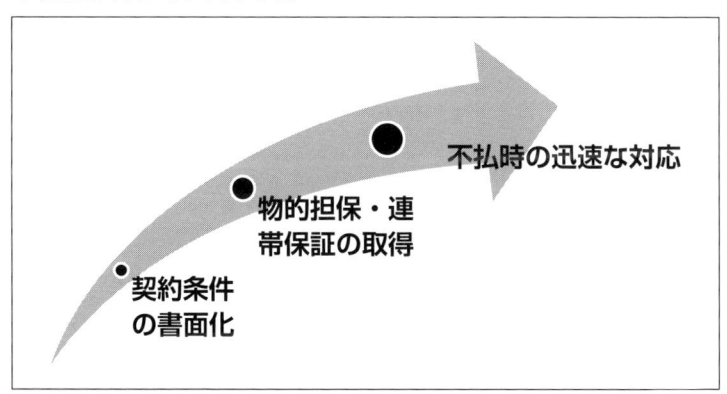

不払時の迅速な対応

物的担保・連帯保証の取得

契約条件の書面化

プラスα　中国企業との契約交渉

　中国企業との交渉においては、日本企業同士の交渉と異なり、日本の常識では推し量れない出方をされることがあります。そのため、中国企業との交渉にあたっては、事前の検討が非常に重要になってきます。具体的には、①誰が、②いつどのような条件を、③どのようにして伝えていくか、④相手の条件にどう対応するのかという点になります。

　まず①中国はメンツを重んじる国であるため、誰が交渉に臨むかで結果

が異なることがあります。細かな条件は実働チームに任せるとしても、重要な場面や最終決定に関する場面では、日本企業の一定の権限と責任を有する役職の人が交渉に臨む方が、中国企業と合意に至るケースが多いです。

　次に②交渉の時期が、最初なのかある程度成熟しているかで、提示する条件は異なってきます。中国には討価還価という文化があり、双方の条件の中間を探っていく文化があります。そのため、最初に提示する場合には、ある程度高めのボールを投げておき、交渉のバッファを確保しておくことも、必要以上に値切られないためには重要なポイントです。

　③交渉の過程においては、双方が合意に至ったことを書面で確認しておかれた方がよいと思います。担当者が異動になった場合に、これまでの交渉が白紙に戻されてしまうケースもありますので、長期に亘る交渉のような場合には、議事録やメール・WeChat での交換の形式で交渉の過程を書面化・文字化しておくことをお勧めします。

　また④交渉過程においては、ウィンウィンの関係になれるよう、相手の条件のうち、譲歩できるところと、絶対に譲歩できないところを切り分けて、交渉していくことが重要です。

Q6 広告・宣伝の注意点

中国において販売する商品の宣伝・広告を行うことになりました。何か気をつけるべき点はありますか。

A

中国でマーケティングを行う場合には、広告法に気をつける必要があります。広告法では、例えば禁止されているような文言を使用して宣伝すると、当局から罰金を科されるケースもあるため注意が必要です。

解　説

1　広告法の適用範囲・対象

中国の広告法は、中華人民共和国内において、商品販売者又はサービス提供者が一定の媒体及び形式を通じて直接又は間接的に自身の宣伝する商品又はサービスを紹介する商業広告活動に適用されます。

その対象となるのは、いわゆる消費者向けの広告媒体（TV、雑誌広告）等だけではなく、自社ホームページでの商品紹介、SNS による商品情報発信、商品パンフレットも含まれます。また微博（ウェイボー）や、微信公衆号（WeChat 公式アカウント）、電子メールなど多種多様な方法による広告方式も対象となるので注意が必要です。

2　広告法の禁止表現

広告法によると、商品の宣伝広告に際し、以下のような表現を用いてはならないとされています（広告法9条）。

① 中国の国旗、国歌、国章、軍旗、軍歌、軍の記章の使用

② 国家機関、国家機関職員の名義若しくはイメージの使用

③ 「国家級」、「最高級」、「最良」等の用語の使用

④ 国家の尊厳又は利益を損ない、国家機密を漏洩すること

⑤ 社会の安定の妨害、社会公共の利益を損なうこと

⑥ 人身、財産の安全に危害を加える／個人のプライバシーの漏洩

⑦ 社会公共秩序の妨害、社会の良好な気風の棄損

⑧ わいせつ、色情的、賭博、迷信、恐怖、暴力的な内容

⑨ 民族、種族、宗教、性別差別

⑩ 環境、自然資源又は文化遺産の保護の妨害

⑪ 法律、行政法規で禁止が規定されているその他の事由

特に気をつける必要があるのは、この③についてです。例えば、「日本で最も人気のある」や「日本初の」等といった絶対的な表現を含む場合、禁止される表現として処罰の対象になる可能性があります。これに違反した場合には、20万人民元以上100万人民元以下の過料に科されることになります。

その他、たばこ、酒類、教育、投資、不動産等に関する特別な規定もあり、例えば、飲酒広告については飲酒の動作を表すものは含んではならないとされています（同法23条 (2)）。

3 証明資料や特許の引用

広告使用データ、統計資料、調査結果、ダイジェスト、引用語などの引用内容の場合は、真実、正確であり、出典を表明しなければならないとされています（広告法11条2項）。また、広告に特許製品又は特許方法に関する場合は、特許番号と特許種類を明記しなければならない（終了、取り消し、無効になった特許は広告として使用してはならない）とされています（同法12条）。

4 地図の引用について

中国現地法人の場所を紹介するため、広告やパンフレットに地図を引用する

場合がありますが、中国政府が考えている国境線と異なる地図を引用した場合、処罰される可能性があります。具体的には台湾・新疆や南海諸島の記載の有無が問題となる場合が多いです。地図を引用したい場合には、自然資源部の公式サイト（http://bzdt.ch.mnr.gov.cn/index.html）において無料でダウンロードすることが可能です（海外からのアクセスは制限される場合があります）。

5　処罰事例

①　ある日系中国法人の自社紹介資料では、中国の国旗の模様を使用しながら、台湾及び南海諸島が欠いている中国の地図が使用されていたことから、広告法第 9 条違反として、違法広告の発行中止命令及び 21 万元の過料に処されました。

②　ある日系中国法人は、商品の外包装に「MADE IN TAIWAN　原産国：台湾」との表示をした商品をオンラインの自社店舗及び店舗において販売したことについて、広告法 9 条（4）「国家の尊厳又は利益への抵触、国家機密の漏洩」に該当するものとして、当該違法広告の発布の禁止及び 20 万元の過料に処されました。

③　ある米国系中国法人の代理店が、オンラインストアにおいて、「世界第 1 位のゴーグル製品であり、品質に疑う余地がない」との表現を用い、同時に割引価格を設定したものの実際の元の価格が偽りであったとして、29 万元の過料に処されました。

◆禁止される広告の例

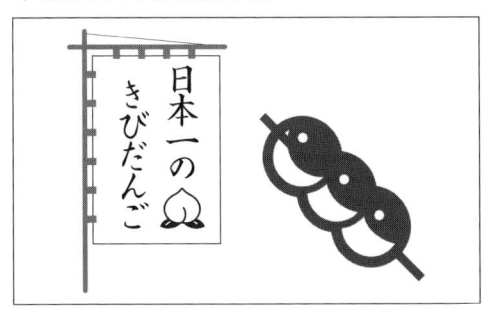

 **プラスα 三品一械に関する広告規制**

　三品一械とは、医薬品、保健食品、特殊医療用食品及び医療機器の総称ですが、これらに関する広告については、当局における事前の審査が必要とされています。具体的には、医薬品管理部門が承認した説明書の内容を超えてはならず、不当に誤解を与えるような表現を使用してはなりません。また、三品一械以外の広告は、健康・予防などの用語を使用してはなりません。日本から輸入したマスクなどを抗菌などと記載したまま販売し処罰された事例もあります。これに違反した場合には、広告費用の1倍以上5倍以下（広告費用が計算できない場合、著しく低い場合は、10万人民元から100万人民元の過料を科されることになります。

Q7 消滅時効と中断（更新）

仕入先から 5 年ほど前に仕入れた代金の支払を求められています。
中国に時効はないのでしょうか。

A

　中国の一般的な債権の消滅時効は、他の法律に特別な定めがある場合を除き
3 年とされています。したがって債権者にとっては、消滅時効を完成させない
ようにするため、時効の中断（更新）を行う必要がありますが、日本と異なり
単なる請求も時効中断（更新）事由となります。そのため、実務的には 3 年以
内に必ず証拠に残る形で請求を繰り返しておくことが債権管理の観点からは重
要になります。

解　説

1　消滅時効の期間

　中国の一般的な債権の消滅時効は原則として 3 年です（民法典 188 条 1 項）。
しかし他の法律に特別な規定がある場合、例えば、①製品欠陥による損害賠償
請求権の場合は 2 年、②国際貨物売買契約の場合は 4 年、③技術輸出入契約の
場合は 4 年とされています。

　消滅時効の期間を経過している債権を請求された場合には、時効の援用をす
ることにより支払う必要がなくなります。

2　時効の起算点

　時効の起算点は、権利者が損害を受けたこと及び義務者を知り、又は当然知
るべき日とされています。ただし、権利が侵害を受けた日から 20 年を超えた

場合は保護されません。

　なお、時効の援用は債務者の権利であり、人民法院が主導的に訴訟時効の規定を適用してはならないとされています（民法典 193 条）。

3　時効の中断（更新）

　民法典 195 条によれば、時効の中断事由は以下の 4 つとされています。

① 　権利者の義務者に対する履行の請求

② 　義務者の履行の同意

③ 　権利者による訴訟提起又は仲裁申立

④ 　訴訟提起又は仲裁申立と同等の効力を有するその他の事由

　日本では単なる請求の場合には、6 か月以内に訴訟提起しなければなりませんが、中国では単なる請求のみで時効の中断（更新）の効果が発生します。ただし、いつ請求したのかが明確になるよう、追跡可能な郵便によるか、メール等の日時が記録される方式で送付しておく必要があります。

4　内容証明郵便はない

　中国には日本のような内容証明郵便の制度はありません。そのため、どのような内容のレターを送付したのかを公的に証明することができません。では実務上どのような方法を採っているかというと、追跡可能な郵便の宛名ラベルと、送付するレターを合わせてスキャンしておく方法が一般的です。また、スキャンしたレターをメールでも送付しておくことにより、相手方に確実に届いたことを証拠として残しておくことが実務上多いです。

5　会計事務所による債権債務確認書

　会計事務所が 1 年に 1 回、取引相手との債権債務関係を確認するため取引相手に書類を送付し、取引相手が数字を確認の上で会計事務所に返送することがあります。この債権債務確認書が時効の中断（更新）事由の一つである債務の

承認に当たるかどうか問題となることがあります。

　この点判例は時効の中断（更新）を認めるものと認めないものに分かれていますが、認めないものの方が多い傾向にあるようです。したがって、単に債権債務確認書が取引相手から返送されてきているということだけをもって安心するのではなく、時効の中断（更新）となる請求を行っておく必要があります。

◆ 消滅時効にかからないよう債権管理が重要

Q8 紛争解決方法

中国ではどのような紛争解決方法がありますか。それぞれの方法のメリット・デメリットについて教えてください。また、国際契約の場合はどうですか。

A

中国における紛争解決方法として、人民法院と呼ばれる裁判所での裁判と、仲裁機関における仲裁の２つが挙げられます。日本法人と中国法人が契約する場合には、いずれの国でも強制執行が可能となる仲裁を選択することが多いです。ただし、仲裁に持ち込むためには仲裁合意がなければならないため、契約締結段階で、あらかじめ紛争解決方法について合意しておくことが重要となります。

解　説

1　人民法院における裁判

中国では、最高人民法院、高級人民法院、中級人民法院及び基層人民法院の４つの審級の人民法院が設置されています。このうち第一審の管轄は、地域ごとに異なりますが訴額を基準に決められることになります。

当事者が、あらかじめ争いのあった場合にどこの人民法院に訴訟提起するかを合意しておくことが可能です。ただし合意管轄とはいえ、どの管轄地でも選択できるわけではなく、以下の人民法院から選択する必要があります。

① 被告住所地の人民法院
② 契約履行地の人民法院
③ 契約締結地の人民法院

④　原告所在地の人民法院

⑤　目的物所在地の人民法院

⑥　その他、当該紛争と関係のある地の人民法院

　なお、不動産や知的財産権など特定の紛争については、特定の人民法院に訴訟提起する必要があり、これを専属管轄といいます。

　なお、日本は三審制であるのに対し、中国の裁判は二審制です。また、中国国内の案件であれば、一審が原則として６か月以内に終結することとなりますので、日本に比べると裁判に要する時間が短い傾向にあります。

2　仲裁機関における仲裁

　当事者間において仲裁によって紛争解決を行うことを合意した場合には、仲裁が可能となります。紛争になってから仲裁合意をする場合もありますが、通常は契約締結時に仲裁合意をすることになります。

　仲裁のメリットとしては、専門的知識を有する仲裁人を選任することが可能であり、適格な判断を期待することができる点になります。また非公開であるため秘密を保持することも可能です。他方で人民法院に比べると解決に要する費用が高い、また原則として１回きりの判断であるため、万が一負けてしまった場合に争えないというデメリットもあります。

　中国では CIETAC（中国国際経済貿易仲裁委員会）や SHIAC（上海国際仲裁委員会）といった仲裁機関があり、日本では JCAA（一般社団法人日本商事仲裁協会）などがあります。

　仲裁合意においては、①一定の紛争について仲裁により最終合意することを明確にすること、②仲裁機関名を正確に記載すること及び③どこの仲裁地で行うのかを明確にしておくことが重要です。JCAA においてモデル条項として紹介されている文言は以下のとおりです。

> この契約から又はこの契約に関連して生ずることがあるすべての紛争、論

> 争又は意見の相違は、一般社団法人日本商事仲裁協会の商事仲裁規則に従って仲裁により最終的に解決されるものとする。仲裁地は東京（日本）とする。

3　国際契約の場合

　日本法人と中国法人との売買契約のように、国際間の契約の場合には仲裁を合意することが多いです。なぜなら日本若しくは中国の仲裁機関のいずれの判断であっても、手続的に瑕疵がない限り原則として双方の国で強制執行することができるからです。これは日本も中国も外国仲裁判断の承認及び執行に関する条約（いわゆるニューヨーク条約）に加盟しているからです。

　仮に日本法人と中国法人の売買契約において、仲裁を選択せず、合意管轄で日本の裁判所を選択した場合、日本の裁判所の判決をもって中国企業の中国の財産に強制執行することができません。したがって、国際契約の場合には、仲裁を合意しておくことが望ましいと考えます。

◆ 仲裁と裁判のメリット・デメリット

	仲裁	裁判
メリット	・承認手続により他の国での執行が可能。 ・非公開であり秘密保持が可能。 ・専門性を有する仲裁人を選定可能。 ・1回きりの判断であり迅速性がある。	・2回の判断であり慎重に判断される。 ・費用が仲裁に比べて安い。
デメリット	・費用が裁判に比べて高い。	・国際契約の場合に他国で強制執行できない。

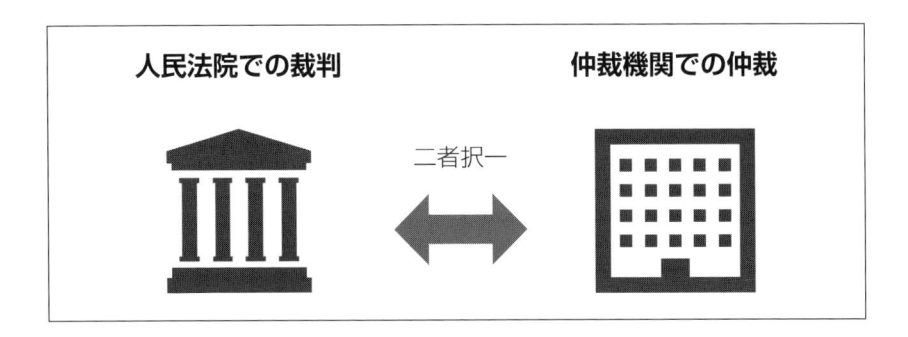

Q9 保全手続と強制執行手続

　中国では勝訴判決を得ることができたとしても、実際に回収することは難しいと聞きました。債権回収を効果的なものにするため、相手方の財産をあらかじめ保全しておくことは可能でしょうか。また、勝訴した場合の強制執行にはどのような方法がありますか。それぞれの段階で相手方の財産を調査する方法があれば教えてください。

A

　せっかく勝訴判決を得たとしても、相手方が任意に支払ってこず、かつ強制執行するだけの財産がないため、回収できないということもあります。これは中国に限ったことではなく日本でも同じですが、勝訴した後に備えて財産保全を行っておくことが実務上有用です。また、中国では強制執行を効果的に実現するため、いくつかの制度や方法が定められています。

解　説

1　執行難といわれた中国

　中国では、以前、勝訴判決を得たとしても実際に回収することが困難であるといわれていました。その理由は、人民法院及び執行申立人が強制執行の段階で、被執行人の財産情報を把握することが難しいことでした。その問題に対する解決策として、最高人民法院は2017年5月1日に「民事執行における財産調査に係る若干問題に関する規定」を公布し、①ネットワーク調査執行システムの構築、②財産調査に関する当事者や人民法院の責任、③財産調査の手段の設置等といった方面から執行を強化させ、民事執行の効率を向上させました。

　例えば、強制執行の段階に至れば、裁判所の銀行とのネットワークを通じて

債務者の銀行口座及び残高を調査することができ、当該システムを使って差押えまですることが可能となりました。

2 財産調査の方法

　インターネットを通じて調査できるものは、訴訟提起前に自ら情報を収集することが可能です。

　市場監督管理局のホームページにおいて、債務者の会社が他の会社の持分や株式を有しているかどうかの調査をすることは可能です。また、特許権や著作権といった知的財産権についても、国家知識産権局のホームページにおいて、債務者の名称や特許番号等から調査することが可能です。

　不動産は原則としてインターネットでは調査することができませんが、上海等の一部の地域においては、一網通弁という政府のホームページ (https://zwdtuser.sh.gov.cn/uc/login/login.jsp) において、所在地が特定できれば、権利者を調査することが可能です。ただし商業用や工業用の土地・建物である必要があり、居住用の住宅は調査できません。

　また、債務者の銀行口座はインターネットで調査することができません。

　次に訴訟提起した上で、裁判所から調査令という命令を受けて調査できる財産があります。

　調査令をもってすれば、不動産取引センターにおいて不動産に関する調査が可能です。また証券会社において債務者の証券口座を調査したり、自動車登記センターにおいて債務者の有する車両を調査したりすることが可能となります。ただし調査にあたっては、不動産の所在地、証券会社、自動車の車両ナンバー等の手がかりが必要になります。

　また、強制執行の段階では、人民法院は、関係する機関に被執行人の預金、債権、基金持分等の財産状況について照会する権限を有するとされています（民訴法 249 条 1 項）。

3 財産保全

　勝訴判決を得た場合であっても、債務者が任意に支払ってこず、かつ強制執行するだけの財産が債務者にない場合には、判決は絵に描いた餅になってしまいます。そこで訴訟提起前や訴訟提起と同時に財産保全を行っておくことが実務上有用です。なお、仲裁においても人民法院における財産保全を申し立てることが可能です。

　財産保全の段階では、債権者である申立人が債務者の財産に関する情報を裁判所に提供する必要があります。そのため保全の段階では、裁判所の銀行とのネットワークを利用して、裁判所に債務者の口座に関する情報を調査してもらうことはできません。

　なお、財産保全を行うにあたり、申立人である債権者は保証金を積まなければなりません。保証金は特に意図的に加害する目的等でなければ通常返却されますが、多額の保証金を一時期拠出して動かすことができないという意味では債権者にとって負担となります。そこで最近では保証金に代わり、保険に加入するよう求められることが多いです。保険は保全しようとする財産の 0.05 ％程度を掛け捨てで支払うことが多いです。

4 強制執行

　中国では強制執行期間が定められており、民事判決や仲裁判断から 2 年以内に強制執行をしなければなりません（民訴法 250 条）。

　強制執行には様々な方法がありますが、例えば、金銭債権の典型的な強制執行の方法としては、財産の差押え、凍結、競売、換価等があります。

　その他、中国では強制執行の実効性を高めるため、以下のような方法が設定されています。

①　人民法院と銀行のネットワークシステムにより、債務者の銀行口座の有無及び残高の確認し差押えを行う方法

②　信用失墜被執行人名簿に記載してもらう方法。この名簿に記載されると、インターネットで公開され、金融機関からの借入ができず、不動産、

新幹線のチケット及び飛行機のビジネスクラスといった高額消費が制限されることとなります。

③ 人民法院による被執行人に対する財産報告命令

④ 被執行人の財産に関する懸賞公告

⑤ 出国制限措置を行い、海外に出国できなくする方法

◆ 主要な財産に関する保全時と強制執行時の方法

	不動産	銀行口座	車両
保全時	・一部の地域を除いて自由な調査は不可 ・訴訟提起後の調査令をもって調査可能だが、所在地などの情報を提供する必要あり	・自由な調査は不可 ・訴訟提起後の調査令があれば銀行への問い合わせは可能だが特定が必要	・自由な調査は不可 ・訴訟提起時の調査令があれば自動車登記センターで調査可能
強制執行時	・裁判所を通じて調査可能だが、所在地などの情報を提供する必要あり	・主要銀行であれば人民法院のネットワークを通じて調査可能	・人民法院を通じて調査可能

プラスα　平常時における情報収集の重要性

中国では、以前は不動産取引センターにて自由に土地や建物の所有者、担保状況等を調査することができましたが、現在は訴訟提起を行った後、調査令をもって調査する必要があるようになりました。このように中国では制度の運用に変更があることはよくあることです。調査の際にも、不動産の所在地を明確にした上で、債務者の所有かどうかを問い合わせる必要があり、それに対して、不動産登記センターからは当該債務者のものかどうかだけの回答がなされます。

また銀行口座については、保全段階では、申立人側が特定しなければな

りませんが、強制執行の段階では人民法院のネットワークで調査してもら
うことが可能です。したがって、日頃の取引の際に、債務者の銀行口座や
不動産等の情報を収集しておくことが、いざというときに役に立つことに
なります。

Q10 消費者責任と PL 責任

当社は中国で消費者向けの製品の製造・販売を行っていますが、どのような責任を負うのでしょうか。また、中国では日本の PL 法に対応する法律はありますか。

A

中国では消費者を保護する法律として、消費者権益保護法をはじめとする、製品品質法、民法典等が存在しています。特に消費者権益保護法では、クーリングオフや懲罰的賠償規定が定められており、対消費者向けのビジネスを行う場合には注意が必要です。

解　説

1　消費者権益保護法

消費者権益保護法は 1994 年 1 月 1 日から施行されており、直近の改正法は 2014 年 3 月 15 日から施行されています。その目的は、消費者の適法な権益を保護し、社会の経済秩序を維持し、社会主義市場経済の健全な発展を促進すること（消費者権益保護法 1 条）とされており、消費者を保護する内容が多く規定されています。

(1) 三包責任

事業者の提供した製品やサービスがその要求される品質を満たさない場合には、消費者は、修理、交換、返品（「包修」、「包換」、「包退」）を求めることができるとされており、これらの責任を 3 つに共通する「包」を取って三包責任といいます。

消費者は、返品については直接の販売者に対して売買契約の約定に従い要求することができ、修理、交換については、販売者や製造者といった事業者に対して求めることができるとされています。この場合、消費者は、製品を受領してから7日間は無条件に返品することができ、7日経過後の8日目からは法定の契約解除条件を満たすものについては、消費者は遅滞なく返品することができ、契約解除条件を満たさないものであれば事業者に交換、修理等の義務の履行を請求することができるとされています（同法24条1項）。

なお、返品、交換、修理を行う場合、事業者は輸送等の必要費用を負担しなければなりません（同条2項）。

(2) クーリングオフ

事業者が、インターネット、テレビ、電話等の方法で製品を販売する場合、消費者は受領してから7日間は理由なく返品する権利を有するとされています（同法25条）。特にECでの販売が増加する中国においては、クーリングオフによる返品が消費者保護の制度として認められていることを理解しておく必要があります。

なお、①特注品、②腐りやすい生鮮品、③オンラインでダウンロードし、又は消費者が開封した音楽製品、ソフトウェア等の商品、④既に引き渡された新聞、定期刊行物は、クーリングオフの例外として返品が認められません（同法25条1項但し書き）。

消費者がクーリングオフを行う場合、消費者が返品する製品は完全な状態でなければなりません。事業者は、返品商品を受領してから7日以内に、消費者に支払った商品代金を返還しなければなりません。

(3) 懲罰的損害賠償

事業者が製品又はサービスを提供するにあたり、詐欺行為を行った場合、消費者の要求に従い被った損害の増額をしなければなりません。増額する金額は、消費者が支払った代金に加えてその3倍（代金と合わせると4倍）とし、増

額する金額が 500 元に満たない場合には 500 元とするとされています（同法 55 条 1 項）。

　また、事業者が製品又はサービスに欠陥があることを明らかに知りながら、消費者に提供し、消費者やその他の被害者を死亡させ、又は健康に重大な損害をもたらした場合、被害者は被った損害に加えて 2 倍以下の懲罰的賠償を請求できます（同条 2 項）。

　このような懲罰的損害賠償を規定することにより、消費者を欺くような行為や、生命、健康に危険を及ぼすような商品の流通を防止しようとした背景があります。

（4）リコール

　製品に欠陥があり、人身、財産の安全に危害を及ぼす危険のあることが発見された場合、事業者は製品をリコールしなければなりません（同法 19 条）。また関連行政部門に報告し、消費者に告知し、販売停止、警告表示、無害化処理、廃棄、生産停止などの措置をとらなければなりません。自動車や食品といった一定の製品については、リコールに関する行政法規が存在しており、その規程に従って市場からリコールすることとなります。

2　製品品質法

　製品品質法は 1993 年 9 月 1 日に施行され、直近は 2018 年 12 月に改正法が施行されています。製品品質法は、製品の品質責任を明確にし、消費者の合法的な権益を保護することを目的としています（製品品質法 1 条）が、消費者権益保護法と異なり、製品のみを対象とし、サービスは対象とされていません。製品品質法に基づく責任は日本の PL 責任と考えられています。

（1）　適用対象

　中国内で製品の製造、販売を行う場合には、製品品質法が適用されます（同法 2 条 1 項）。製品は加工、製造を経て販売されるものを指しますので、原材料

そのものなどは含まれません（同条2項）。

（2）　主体

　品質責任を負う主体は、製造者及び販売者とされています（同法4条）。した
がって、仮に消費者が購入した製品に欠陥があった場合、消費者は、販売者に
対しても、製造者に対しても、同法の責任を追及することができます。

（3）　販売者の損害賠償責任

　販売した製品が、製品又は包装上に明記された製品標準に合致しないような
場合、販売者は、修理、交換、返品のいわゆる三包責任を負担しなければなり
ません（同法40条）。

　これは消費者権益保護法でも規定されている責任になります。また、販売者
は消費者に損害を生じさせた場合にはその損害を賠償しなければなりません。

（4）　製造者の損害賠償責任

　製品に欠陥が存在したことにより人身及び欠陥製品以外のその他の財産に損
害が生じた場合、製造者は損害賠償責任を負わなければならないとされていま
す（同法41条）。

　ただし製造者は、①製品の流通を開始していないこと、②製品の流通を開始
した時点では、損害を惹起した欠陥が存在していなかったこと、③製品の流通
開始時点の科学技術水準では欠陥の存在を発見できなかったことのいずれかを
証明できる場合には、損害賠償責任を負わないとされています（同法41条2項）。

　ここで製品の欠陥とは、製品に人身及び他人の財産の安全に危害を及ぼす不
合理な危険を指し、製品に人体の健康、人身及び財産の安全を保障する国家標
準、業界標準がある場合、当該標準に合致しないことをいうとされています
（同法46条）。この判断基準の参考になる国家標準とは、国務院国家標準管理委
員会が制定する標準的な規範をいいます。いわゆる強制的国家標準（GB）と推
薦的国家標準（GB／T）の2種類があります。他方業界標準とは、業界組織が

自主的に定める標準になります。これらの基準が存在しない場合には、契約目的等から特定されることになります。

3 民法典

民法典は、民法通則、契約法、担保法、権利侵害法といった従来別々に制定されていた法律がまとめられて作成されたものであり、2021 年 1 月 1 日から施行されています。

その第 7 編の第 4 章（民法典 1202 条から 1207 条まで）には、製品責任として規定されています。

製造物責任の成立には、①製品に欠陥があること、②被権利侵害者に損害が生じたこと、③製品の欠陥と損害の間の因果関係が必要だとされています。

製造者の損害賠償責任は無過失責任であり、故意・過失は必要とされていません（同法 1202 条）。消費者は、製造者のほか、販売者に対しても製造物責任に関する損害賠償を請求することができます（同法 1203 条 1 項）。

プラスα 315 晩会

　毎年 3 月 15 日の世界消費者権利デーに合わせて、中国では「315 晩会」というテレビ番組が放映されています。このテレビ番組では、消費者の権益が侵害されたような事例が多数紹介され、日本企業を含む海外企業もターゲットとなり、実名で公開されることから、中国でのイメージや売上に大きな影響を与えることになります。

　近時取り上げられた事例としてはいかのようなものがあります。

▶日産自動車のインフィニティが顧客に対し保証期間を延長する代わりに不具合をマスメディアに明らかにしないよう求めた事例（2021 年）

▶米国住宅設備大手のコーラー社、ドイツの BMW、イタリアの Max Mara が監視カメラを設置し、来店者の顔や個人情報を無断で収集していた事例（2021 年）

Q11 独占禁止法上の注意点

上海で同じ業界の日本人駐在員が集まって懇親会をすることになりました。他社の価格や取引先に関する情報を知る良い機会だと思っています。何か注意すべき点はありますか。

また取引先による安売りを防止するため、販売価格を固定したいと思いますが、何か問題はありますでしょうか。

A

中国では、同じ業界の日本人駐在員が集まる機会が日本以上に多いと思いますが、交換する情報の内容によっては独占禁止法の禁止する水平的価格合意に違反する可能性があるため、その言動に気をつける必要があります。また、取引先に対して再販価格を固定する行為は独占禁止法の禁止する垂直的価格合意に違反することとなります。

解　説

1　独占禁止法について

中国では、2008 年 8 月 1 日から独占禁止法が施行されており、2022 年 8 月 1 日から改正法が施行されています。独占禁止法は、大きく分けて①独占合意、②支配的地位の濫用及び③事業者集中の 3 つについて規定しています。

まず、①独占合意には、いわゆる競合他社との間での価格合意（水平的独占合意）と、取引先との間で再販価格を指定するような価格合意（垂直的独占合意）があります。水平的独占合意では、価格について固定・変更すること、商品の生産数量又は販売数量を制限すること、販売市場又は原材料調達市場を分割すること、新技術・新設備の購入・開発を制限すること、共同して取引を排斥す

◆独占禁止法の内容

```
独占合意

　・水平的価格合意（価格固定・変更、生産数量の制限）
　・垂直的価格合意（再販価格の固定、再販最低価格の設定）

支配的地位の濫用

　・不公平な高価格販売、不公平な低価格購入
　・抱き合わせ販売
　・取引拒絶

事業者集中

　・合併、持分譲渡等における審査
```

ることなどが禁止されています（独占禁止法17条）。また、垂直的独占合意には、第三者に対する再販価格の固定、再販最低価格の設定などが禁止されています（同法18条）。

　次に②支配的地位の濫用は、市場における支配的地位を有する事業者が、不公平な高価格での販売、不公平な低価格での購入、原価を下回る価格での販売、正当な理由のない取引拒否、取引先の指定や抱き合わせ販売といった行為を行うことを指し、これらの行為は禁止されています（同法22条1項）。どのような場合に支配的地位を有すると判断されるのかについては、独占禁止法23条に判断要素が規定されており、同法24条には一定の要件を満たす場合には支配的地位を有するとの推定規定が設けられています。

　最後に③事業者集中は、事業者の合併、持分譲渡等の方法により、当該市場における集中が進むことから、一定の要件を満たす場合には、事業者は事前に国務院独占禁止法執行機関に申告しなければならないとされています。

　なお、2018年以前は、価格については国家発展改革委員会、事業者集中については商務部、その他については国家工商行政管理総局がそれぞれ別々に担

当していましたが、現在は、その全てを国務院の国家独占禁止局が担当しています。

2　厳しい罰則

中国の独占禁止法では違反した場合の罰則が定められていますが、その内容が日本に比べて非常に厳しいことが特徴として挙げられます。

独占合意や支配的地位の濫用については、違法所得を没収し、併せて前年度販売額の1％以上10％以下の過料に処するとされています（独占禁止法56条及び57条）。また、独占禁止において、前年度の販売額がないときは500万元以下の過料に処するとされ、形成した独占合意を実施していない場合であっても300万元以下の過料に処されることとなります（同法56条）。したがって、いったん独占禁止法違反だと認定された場合のインパクトは非常に大きく、中国ビジネス全体に影響を与えかねないため注意する必要があります。

3　リニエンシー

中国においても、自ら違反を先に申し出た事業者に対して責任を減免するリニエンシーの制度が認められています（独占禁止法56条3項）。ただし、中国のリニエンシーは法文上「減軽し又は免除することができる」と規定されており、必ず減免されるわけではありません。

4　事業者団体ガイドライン

2024年1月10日、国務院の独占禁止反不正当競争委員会は、事業者団体の独占禁止ガイドラインを発行しました。その中身は日本の独占禁止法の事業者団体ガイドラインと大きく異なるものではありませんが、一定の参考になるとは思われます。

5　独占禁止法を踏まえた行動

同業者の集まる会合に参加する場合には、独占禁止法の禁止する水平的価格

合意に当たると判断されないよう気をつける必要があります。特に価格や取引先の情報を取得する意図がなかったとしても、小耳に挟み、今後の価格設定や販売地域の決定に影響を及ぼす可能性があります。

　そのためそのような同業者の集まる会合には、本来積極的に出ない方がよく、どうしても出なければならない場合には、あらかじめ会社に報告し、参加時の対応について十分に検討しておくことが重要です。仮に同業者の集まる会合で、価格などの微妙な話になった場合には、そこにいて話を聞いていたというだけで、価格合意に参加したと認定される可能性があることから、退出の意思表示をしてその場を離れる方がよいでしょう。また会合に参加した後には、どのような話をしたのか、会社に報告しておくことが望ましいと考えます。

プラスα　水平的価格合意の処罰例

　中華人民共和国国家発展改革委員会（「NDRC」）は、2014年8月20日、日本の自動車部品メーカー等12社（内2社は全額免除）に対し、合計約12.35億元の課徴金支払を命じました。NDRCの発表によれば、2000年から2010年2月にかけて、日系の自動車部品生産会社8社は、自動車生産メーカーから最も有利な価格で注文を受けることができるよう、日本において2社又は3社以上で頻繁に会談を行い、相互に価格を協議し、数度にわたって注文価格の合意を形成し実施したということでした。中国市場においても、発電機、ワイヤハーネス等13種類の製品が価格合意に基づき、日本の自動車メーカーの20車種以上に使用されるために供給されました。

　また、2000年から2011年6月にかけて、日本のベアリング会社4社は、日本においてアジア研究会を、上海において輸出市場会議を組織・開催し、アジア地区及び中国市場のベアリング価格値上げの方針、時期及び値上げ幅等について討論し、値上げ実施の状況について情報を交換していました。

NDRC は、これら 12 社に対し、①中国の法律に適合した方針で販売行為を行うこと、②会社全体の従業員に対し独禁法の教育を行い、従業員に中国の法律に適合した行動をさせること及び③過去の違法行為の結果を除去し、自主的に競争秩序を維持して消費者の利益になるよう即時に改めることを求めました。対象となった課徴金は合計すると当時のレートで約 12.35 億元に及び、外国企業を対象とした中国の独禁法違反では過去最大の金額となりました。

Q12 EC 販売の方法と責任

中国は実店舗以上にインターネットでの販売が多いと聞きました。そこで当社もインターネット販売をしたいと考えていますが、具体的にどのような点に注意すればよいでしょうか。

A

中国に進出した企業がインターネットで販売する場合には、タオバオや京東といったプラットフォームに出店する方法と、自社がホームページで販売する方法の 2 つがあります。電子商取引法により、電子商取引事業者として責任を負うこととされています。

解　説

1　電子商取引法

中国では電子商取引が非常に発展しており、実店舗を持つお店もインターネットのプラットフォームに出店したり、自社のホームページで販売したりするケースが多いです。いわゆるダブルイレブン（11 月 11 日）の電子商取引の総売上金額は例年話題に上っています。このように増加する電子商取引における消費者保護のため、2019 年 1 月 1 日から電子商取引法が施行されました。

2　電子商取引と電子商取引経営者

電子商取引とは、インターネットなどの情報ネットワークを通じて、商品の販売やサービスの提供を行う経営活動をいいます（電子商取引法 2 条）。また、電子商取引経営者とは、インターネット等を通じて商品販売やサービス提供に従事する自然人、法人又は非法人組織を指すとされ、具体的には、①電子商取引

プラットフォーム経営者、②プラットフォーム内経営者、③自己のウェブサイトにおいて商品・サービスを提供する経営者の3種類を含むとされています（同法9条）。①電子商取引プラットフォーム経営者とは、タオバオ、天猫等のプラットフォームを運営するアリババのような主体を指します。②プラットフォーム内経営者とは、電子商取引プラットフォームに出店して商品を販売しサービスを提供する経営者、すなわちECモールを通じて販売しようとする企業等を指します。③は自らの公式ウェブサイトを立ち上げて商品やサービスを提供する経営者を指します。したがって、一般的に電子商取引で商品やサービスを提供する企業は、②ECモールに出店する企業や③自社サイトで販売する企業として、電子商取引経営者に当たることになります。

3 電子商取引経営者の遵守事項

電子商取引法第2章には、電子商取引経営者として遵守すべき条項が列挙されています。

- 電子商取引経営者が提供する商品やサービスは、人身や財産の安全を確保するものであり、環境保護に合致しなければなりません（電子商取引法13条）。電子商取引経営者は、法に従って、紙の領収書や電子領収書など商品の購入やサービスの提供を受けたことを証明することができるものを発行しなければなりません。なお、紙の領収書と電子領収書は同等の効力を有するとされています（同法14条）。また、ホームページの目立つ場所に、営業許可証の情報、経営業務に関する行政許可情報を公示し、これらの情報を変更する場合には、速やかに更新しなければなりません（同法15条）。
- 真実、正確かつタイムリーに商品やサービスの情報を開示しなければならず、消費者の知る権利と選択権を保障しなければなりません。架空の取引で取引量を増やしたり、高い評価をねつ造したりする方法によって消費者を誤解させてはなりません（同法17条）。
- ビッグデータを利用して、消費者の趣味嗜好、消費習慣の特徴に基づき、消費者に対して商品やサービスを提供する場合、同時にその個人の特徴に基

づかない選択肢も提供しなければなりません（同法 18 条）。

- 　商品やサービスを抱き合わせ販売する場合には、消費者に対する注意を促す必要があり、黙示の同意をデフォルトにしてはなりません（同法 19 条）。
- 　消費者から保証金を徴収する場合、保証金の払戻方法や計算方法を明示し、保証金の払戻に関して不合理な条件を設定してはなりません（同法 21 条）。
- 　市場の支配的地位を悪用してはならず、競争、制限を排除してはなりません（同法 22 条）。
- 　ユーザーの個人情報を収集し、使用する場合は、関連法律、行政法規に関する個人情報保護の規定を遵守しなければなりません（同法 23 条）。また、紛争になった場合は、契約と取引履歴を提供しなければなりません（同法 62 条）。

4　電子商取引契約の締結と履行

　EC での契約は全てインターネット上でなされることになりますが、一般的にはどのようにして締結されるのでしょうか。

　自社のホームページの場合には消費者が必要な情報をシステムに入力する方法によって申込をすることになり、EC モールであれば消費者が購入ボタンを押す方法によると思います。

　この点、電子商取引法第 3 章では、電子商取引契約の締結と履行について規定されています。まず、電子商取引経営者が自動情報システム（自動入力フォーム）によって契約を締結しようとする場合、当該システムを利用する消費者に対して自動情報システムは拘束力があるとされています。反対証拠がなければ電子商取引における当事者は民事権利能力を有するものと推定されます（電子商取引法 48 条）。電子商取引経営者の商品やサービスが条件に合致し、商品やサービスを選択するユーザーのオーダーが成功した段階で契約が成立します。

　なお、ユーザーが代金を支払った後であっても一定事由が発生すれば契約は成立しなかったこととするような条項は無効であるとされています（同法 49

条)。電子商取引経営者はユーザーがオーダーを提出する前であれば、入力ミスを修正できるように保証しなければなりません（同法50条）。その他、電子商取引法では、引渡しのタイミング（同法51条）、商品配達（同法52条）、電子支払（同法53条〜57条）に関する内容も規定されています。

プラスα EC 販売と ICP ライセンス

電子商取引を行うにあたり、付加価値電信業務に関する ICP ライセンス（Internet Contents Provider）が必要か問題になります。

まずプラットフォームに出店する事業者は、準備されたプラットフォームを利用するだけてあるため、出店する事業者に ICP ライセンスは必要ありません。

他方、自社でホームページを開設した上、インターネット上で販売する事業者は ICP ライセンスが必要か論点になることがあります。この点、営利性のインターネットサービスは許可制、非営利性のものは届出制となっています。一般的にはホームページを開設する以上、ICP ライセンスが必要だと考えられていますが、プラットフォーム経営者と異なり、自社のホームページでは単に会社や商品を紹介しているにすぎず、ICP ライセンスの取得までは不要だとの意見もあります。確かに単なる紹介であれば非営利性であるため、届出をすれば足りることになり、許可までは不要とも解されますが、中国では地方によって考え方が異なるところがあるため、中国に現地法人があり、その現地法人を通じて販売するようなケースでは、ICP ライセンスを取得してから自社のホームページで販売する方がより確実ではないかと思われます。

Q13 中国での土地利用

華東地域の製造工場に総経理として初めて赴任しましたが、前任者からの引継ぎ資料の中に「国有土地使用権証」という冊子がありました。日本のニュースで中国の土地は全て国のものと聞いたことがありますが、工場敷地も我が社のものではないのでしょうか。

A

中国の土地は、一部の農民所有地を除き、全て国の所有ですので、外資か中国ローカル企業かを問わず、企業が土地自体の所有権を持つことはできません。企業が敷地に工場を建設するような場合には、国から土地の払下げを受けて土地の使用権を取得します。「国有土地使用権証」は国有土地の使用権を証明する重要な書類になります。

解　説

1　中国の土地制度

中国の土地は、大きくは、国が所有する国有土地と、農民集団が所有する集団土地に区別され、原則として都市の市街区域にある土地は国有土地、農村の土地や都市の郊外区域の土地は集団土地となっています（土地管理法8条）。

国は、国有土地のうち、建設用の土地については、その使用権を有償で企業に払い下げることによって、企業に一定期間にわたって土地を使用させることができます。この場合、企業はその土地に工場や商業施設、住宅等を建設して営業活動を行うことができます。ただし、払下げを受けた土地はあらかじめその用途が決められており、例えば、居住用地となっている土地に工場を建設することはできません。また企業が払下げを受けて土地を使用できる期間は、そ

の用途によって決まっており、①居住用地は70年、②工場用地は50年、③教育、科学技術、文化、衛生、スポーツ用地は50年、④商業、観光、娯楽用地は40年、⑤その他の用地は50年とされています。

　これに対し、国有土地の一部については、国が、公共施設の建設など非営利目的で、国有土地使用権を無期限、無償で提供することが認められており、その場合の土地使用権は割当土地使用権と呼ばれています。割当土地使用権については、用途や処分方法に制限があり、また比較的容易に収用されることがあり、通常、企業が割当土地使用権を使って工場を建設することは予定されていません。

◆土地使用権証書の写真

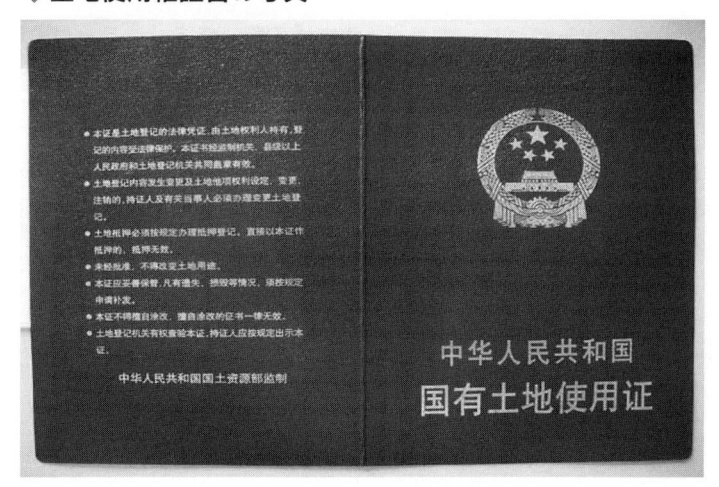

2　企業が注意すべきポイント

　上記Qに関して、「国有土地使用権証」があるということは、国から正式に工場敷地の土地使用権の払下げを受けたことになります。ただし、土地使用権証には用途の欄があり、この中に「工業」という用途の記載があることはチェックする必要があります。

　最近では、工場敷地の払下げ段階で土地の性質や用途は明確にされており、あるいはそもそも土地の払下げを受けずレンタル工場を賃借するケースも多いですが、例えば、90 年代から 2000 年前半に中国企業と設立された合弁会社の中には、中国企業が現物出資した土地使用権の性質が割当土地使用権であったり、国有ではなく農民所有の集団土地であったため、その後にトラブルになるケースもあります。そのため、都市部の郊外や比較的辺鄙な地方で中国企業と合弁事業を行っている日系企業の場合には、依然として注意が必要といえます。

　これに対し、例えば、上海や蘇州といった市街地の土地に関しては、国や地方政府の都市計画の変更によって、以前は工業用地として用いられていた土地が住宅用地や商業用地として土地の用途を変更され、工場の立ち退きを要求されるケースも出ています。現在では立ち退きに関する手続や立ち退き補償金額の算定も整備されていますが、企業にとって工場の立ち退きは従業員の確保を含めて死活問題ですので、やはり注意が必要になります。

Q14 従業員の採用と労働契約

中国の現地法人として中国人スタッフを採用することになりました。採用面接を実施するにあたり、どのような点に気をつければよいでしょうか。また、労働契約を締結する際、試用期間を設けることはできますか。

A

中国人を採用するための現地法人での面接ではいくつかチェックすべき点があります。具体的には本人確認、バックグラウンドの確認、二重雇用の非該当性、前職の退職理由及び競業避止義務を負っていないかどうかといった点になります。従業員を採用することが決まった場合には労働契約を書面で作成しておかなければなりません。労働期間の長さに応じて試用期間を設けることができます。

解 説

1 面接でのチェック事項

(1) 二重雇用の禁止

中国人は中国においてある会社と労働契約を締結しながら、他の会社と労働契約を二重に締結することはできません。そのため、中国人を採用しようとする会社は、候補者に対し前職の退職証明書の提出を求めることが多いです。なお、日本からの出向者は、本社との労働契約を維持したまま中国現地法人と労働契約を締結することになりますが、出向者特有の労働形態であるため特に問題はありません。

退職証明書には、単に退職の事実が記載されているものもあれば、退職理由

まで記載されているものもあります。懲戒解雇などと記載してくれていれば、どのような問題行為を起こしたのかよくわかりますが、退職理由が記載されていない場合には前職の退職の理由を確認することが一般的です。自分に不利なことを言わない候補者もいますので、前職の勤め先に対して、退職理由を電話で問い合わせることもあります。前職の勤め先が退職理由を必ず教えてくれるわけではありませんが、電話での受け答えの内容や雰囲気によって、当該候補者の人となりがある程度わかることが多いです。

（2）学歴について

　中国では採用面接時に学歴を詐称するケースも時折見受けられます。外資系企業であればどうせばれないだろうという気持ちがあるのかもしれません。学歴だけで人物を判断するわけではないと思いますが、そのような嘘をつく人材を採用することが今後のトラブルの原因にもなるので避けたいところです。

　これを防止するためには、候補者から卒業証書の写しを提出してもらい、本当にその学校を卒業したのかどうかの確認を行うことができます。具体的には、中国高等教育学生信息網というインターネットのサイト（https://www.chsi.com.cn/xlcx/index.jsp）にアクセスし、卒業証書に記載されている番号、氏名などの必要な情報を入力して確認することになります。

（3）身分証明書について

　応募してきた本人と面接に来た人の確認を行うため、身分証明書の確認を行う必要があります。まれに身分証明書そのものを偽造している可能性があるため、採用を決定した場合には写しを取得しておく方がよいです。偽造の身分証明書で入社していた場合には、それ自体が解雇事由となる可能性があります。

（4）競業避止義務の有無

　業界によっては、前職の退職時に同種の業界で勤務することを禁止し、従業員との間で競業避止義務を有する合意書を締結している場合があります。従業

員の以前の勤務先とのトラブルを避けるためにも、競業避止義務を有している
かどうかをあらかじめ確認し、採用時のエントリーシートなどにチェック欄を
設けるなどして申告させておくことが望ましいです。

（5）健康診断

入社直後に健康を害したとして労災申請をしたり、病気休暇を使用して一定
の給与を受け続けたりする場合があります。そのようなことのないよう、採用
時には健康診断を実施しておく必要があります。

（6）戸籍

上海など大都市の外資企業の場合、当該都市以外の戸籍を有する応募者が、
戸籍を申請するためだけに外資企業に応募し、戸籍を取得できたら退職するよ
うなケースもまれに見受けられます。

（7）　親族関係

応募者の親族やその会社と、会社が取引関係を有していないかどうか確認し
ておくことも重要です。また応募者の了解を得た上で、応募者の親族に関する
情報（名前、勤務先など）を開示してもらうことも、将来、応募者が仕入担当に
なった場合に、親族の会社を通じて取引を行わせているかどうかといった調査
の参考になります。

2　労働契約の締結

中国では従業員を雇用するにあたり、労働契約を書面で締結しておく必要が
あります。通常は採用時に労働契約の締結を行いますが、法律上は雇用開始日
から1か月以内に書面による労働契約を締結することとされています。仮に雇
用開始から1か月を超えても書面による労働契約を締結していない場合には、
2か月目から2倍の給与を支払う必要があります。万が一、1年を超えても書
面による労働契約を締結しない場合には、期間の定めのない労働契約を締結し

たものとみなされることになります。

3　試用期間

　従業員を雇用するにあたり、日本では特に試用期間に制限はありませんが、中国では以下のとおり、労働契約の期間に従って設けることできる試用期間が異なります。

◆ 試用期間の制限

労働契約の期間	試用期間
３か月以上１年未満	１か月を超えてはならない
１年以上３年未満	２か月を超えてはならない
３年以上の固定期間又は期間の定めなし	３か月を超えてはならない

　試用期間中の賃金は、会社の同部署の最低賃金又は労働契約に約定した賃金の 80 ％を下回ってはならず、かつ会社所在地の最低賃金基準を下回ってはならないとされています。

　仮に試用期間において従業員が採用条件に不適格であることが証明された場合には解除することができます。ただし、採用条件に不適格であったかどうかを客観的に判断しやすいように、従業員に求める能力、資格、条件をあらかじめ明確にしておくとともに、採用にあたり「試用期間満了時に人事評価を実施し、一定以上の点数を獲得することを、正式採用の条件とする」ことを明記した書面に署名しておいてもらうと、後日の紛争を防止することができます。

　なお会社が試用期間中に労働契約を解除する場合には、その理由を労働者に対して説明しなければならないとされています。

プラスα 採用面接時の個人情報の取扱い

　従業員の採用面接を行うにあたり、多くの個人情報を取得することになると思いますが、個人情報保護法との関係で、これらの情報の取扱いには気をつける必要があります。

　個人情報保護法によれば労働契約や労務契約を締結している従業員の情報を、それらの契約を履行するために保存・使用等の処理をすることは、従業員の個別同意が不要とされています。しかし、面接はしたものの、結局採用には至らなかった候補者の個人情報については、会社は当該候補者と労働契約や労務契約を締結していないことから、会社で保存し続けることについては個別同意が必要になります。通常は採用されなかった候補者が、自分の情報を会社が保存し続けることについて個別に同意することは実務上ないと思いますので、不採用が決定した段階で破棄しておく必要があります。

Q15 労働契約の期間と更新

中国人従業員の労働契約を何度か更新しています。更新の際に、中国人従業員から期限の定めのない労働契約を締結したいと申し出がありました。どのように対応すればよいでしょうか。

A

労働契約には、大きく分けて、①期間の定めがある固定期間契約、②期間の定めのない無固定期間契約及び③一定の事業の完了までを期限とする契約の3種類があります。固定期間契約を繰り返して締結していた場合であっても、一定の回数以上の更新の場合に従業員から無固定期間労働契約を締結したいと言われた場合、会社はこれを拒否することができないとされています。

解　説

1　労働契約の期間について

労働契約の期間の定め方として、大きく分けて①期間の定めのある固定期間契約、②期間の定めのない無固定期間契約及び③一定の事業の完了までを期限とする契約の3種類があります。

通常は①又は②の契約を締結する場合が多いと思いますが、①固定期間契約の場合は期間経過後に更新しないという選択ができるのに対し、②無固定期間契約の場合には解除事由がない限り、原則として雇用し続けなければならないという点が最も大きな違いになります。それぞれどのような場合に締結できるのかについては以下のとおりです。

まず、①固定期間契約の締結について、使用者と労働者との合意があれば締結することができます。

次に、②無固定期間契約の締結については、当然のことながら使用者と労働者との合意があれば締結することができます。

　しかし次の各号に掲げるいずれかの状況に該当し、かつ労働者が労働契約の更新、締結を申し出、又は同意した場合は、労働者が①固定期間契約の締結を申し出た場合を除き、②無固定期間契約を締結しなければならないとされています。

a．労働者が当該使用者の下において、勤続満 10 年以上である場合

b．使用者が初めて労働契約制度を実施し、又は国有企業を再編し労働契約を新たに締結する時に、労働者が当該使用者の下において勤続満 10 年以上であり、かつ法定の定年退職年齢まで残り 10 年未満である場合

c．連続して①を 2 度締結し、かつ労働者が「労働契約法」第 39 条及び第 40 条第 1 号、第 2 号に定める事由に該当せずに、労働契約を更新する場合

d．使用者が雇用開始日から満 1 年時に労働者と書面の労働契約を締結しない場合は、使用者と労働者が既に②を締結したものと見なすとされています。

2　固定期間契約の繰返しについて

　では、①固定期間契約を何度も繰り返すことにより、②無固定期間契約を締結しないということはできるのでしょうか。

　まず、①固定期間契約を何度も繰り返すことについて従業員が同意すれば可能です。

　しかし、①固定期間契約を「連続して 2 回締結した」場合には、従業員が①固定期間契約を更新することを申し出た場合を除き、②無固定期間契約を締結しなければならないとされています。

　ただし、この転換の運用につき、地方によって法解釈が異なる点には注意が必要です。

　この点、北京では 3 回目の労働契約の締結時点（2 回目の更新時点）で従業員

による①固定期間契約の申出を除いて、②無固定期間契約を締結しなければならず、かつ会社が従業員による②無固定期間契約の申し出を拒否することもできないと解釈されています。

　他方上海では、2回目に締結した①固定期間契約の満了時点（3回目の固定期間契約の締結時点）で従業員による②無固定期間契約の申し出を拒否することができますが（契約の期間満了で雇用関係終了）、この場合は従業員と労働契約を更新しないこととなります。

◆無固定期間契約締結のタイミング

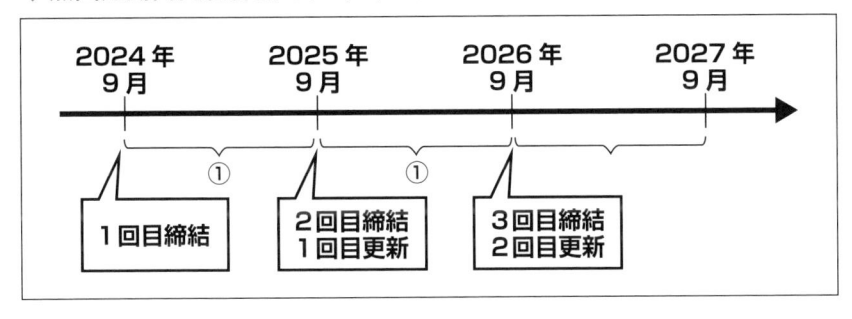

Q16 社会保険制度の概要

従業員の社会保険や住宅積立金について、地方からの従業員から、自己負担額を少なくするために実際の給与金額と異なる基準で計算の上で納付してほしいという申出がありました。何か問題はありますか。また、出向中の外国人について納付義務はあるのでしょうか。

A

中国の社会保険制度は5つの保険と1つの積立金の五険一金と呼ばれており、従業員は実際の給与を基準として支払う必要があります。異なる賃金を基準として申告した場合、後日追徴を受ける可能性があります。また、中国へ出向している外国人には社会保険の納付義務が法律上はあるとされていますが、地方によっては実際に納付しておらず当局からも厳しく指摘を受けていないというケースもあるようです。

解 説

1 五険一金

中国の社会保険制度には、5つの保険と1つの積立金があり、「五険一金」と呼ばれています。具体的には、養老保険、医療保険、労災保険、失業保険、生育保険の5つと、住宅積立金になります。それぞれ会社負担分と個人負担分（一部は個人負担なし）に分かれています。

このうち養老保険は日本の年金に相当するものです。一定期間納付すれば退職後に年金が給付されることになります。毎月の保険料のうちの個人負担分の全額が年金個人口座に積み立てられます。医療保険は健康保険に相当するものですが、養老保険と同じように毎月の保険料のうち個人負担分の全額と企業負

担分の一定割合が医療保険個人口座に積み立てられます。この医療保険で積み立てられた分は、医療費の支払や薬局での薬の購入に充てられます。生育保険は出産に要する医療費や出産休暇中の手当が給付される保険で男女ともに加入義務があります。失業保家や労災保険は日本と同じです。また、住宅積立金は将来住宅をその場所で購入する際の費用に充てることができる積立金になります。

◆ 上海市の場合

養老保険		医療保険 （生育保険を 含む）		失業保険		労災保険		住宅積立金	
会社	個人	会社	個人	会社	個人	会社	個人	会社	個人
16 %	8 %	9 %	2 %	0.5 %	0.5 %	0.36 %	—	7 %	7 %

　中国の社会保険や住宅積立金は会社の所在地の社会保険局に納付するため、例えば、地方の出身者の中には上海など出稼ぎに出ている場所での住宅積立金を納付したくないと考える人がいます。そのような場合、従業員から、住宅積立金の個人負担分を減らすため、実際の給与ではなく、例えばその土地における最低賃金を基準に申告し納付してほしいと申出を受けるようなケースもあります。これは会社にとっても会社負担分の減額につながると安易に考えてしまいがちですが、本来は実際の給与を基準にしなければならないため、仮に後日当局から指摘を受けた場合には、未納額の追徴を求められる可能性があります。また、従業員の解雇を行う場合などに、従業員からすると最後の機会ということで、未納分を支払うよう求められる可能性もあります。

2　外国人の社会保険

　2011 年 7 月から施行されている社会保険法によると、中国に駐在する日本人などの外国人にも社会保険への加入義務が課せられています。ただし住宅積立金の加入義務はありません。

しかし、これまで外国人が社会保険に加入していたかというと、地方によって法律の解釈が異なっており、実際には加入していないケースもありました。

　例えば、上海では社会保険法が施行される前の 2009 年に施行された通知（（沪人社養発（2009）38 号）、以下「38 号通知」といいます）を任意加入の根拠として、多くの外国人が未加入の状態のままとなっていました。2016 年には 38 号通知の有効期限が 2021 年 8 月 15 日までであることが示されたため、38 号通知の失効に伴い外国人も 2021 年 8 月 16 日以降は強制加入に移行するものとされていました。しかし 38 号通知の失効後も、上海の社会保険局としては外資誘致のためにそれほど厳しく取り締まっていないというのが実情ではないかと思います。

　2019 年 9 月 1 日には、日中社会保障協定が発効しました。日中社会保障協定は、日本及び中国における社会保険の負担の重複を避けることを目的として締結された条約ですが、対象となる保険は養老保険（日本側では年金）のみとなります。中国への派遣から 5 年以内は中国の養老保険への加入が免除され、日本の年金保険にのみ加入することとなります。また、加入免除期間は 5 年以内で延長も可能です。加入免除期間終了後は、中国の養老制度にのみ加入し、日本の年金保険制度は加入が免除されます。

Q17　経済補償金の要否と計算方法

中国では従業員を解雇する際、必ず経済補償金の支払が必要でしょうか。

A

中国では会社が従業員との労働契約を解除又は終了する場合、その理由に応じて、経済補償金の支払をしなければなりません。簡単にいうと、会社都合で労働契約を解除又は終了する場合には経済補償金を支払わなければならないことになります。

解　説

1　経済補償金

経済補償金とは、会社都合で労働契約を解除又は終了する場合に支払わなければならない生活補償としての金銭です。その計算方法は以下のとおりです。

◆経済補償金の計算方法

| 従業員の勤続年数に対応する月数 | × | 過去12か月の平均月賃金 |

すなわち、経済補償金は従業員の勤続年数 1 年あたり 1 か月分として計算した月数分の賃金ということになります。「従業員の勤続年数に対応する月数」について、勤続年数が半年未満の場合は半月分、半年以上 1 年未満の場合は 1 か月分として計算します。例えば、10 年 2 か月勤務した従業員は 10.5 か月として計算され、10 年 8 か月勤務した従業員については、11 年分として計算さ

れることになります。

「平均月賃金」とは、労働契約の解除又は終了の前の 12 か月分の平均月賃金とされています。これには基本的に残業代やボーナスなども含めて考える必要がありますが、上海など一部の地域では残業代を含まないとされているところもあります。

なお、経済補償金には上限が定められており、平均月賃金が、当該地区における前年度の平均賃金の 3 倍を超える場合には当該 3 倍を基準として計算することになります。その場合の経済補償金の年数は 12 年が上限となります。他方で当該地区における前年度の平均賃金の 3 倍に満たない場合には当該 12 年の上限の適用はありません。

2 支払の要否

会社が従業員との労働契約を解除又は終了する場合、経済補償金を支払う必要があります。具体的には以下の表をご参照下さい。

◆経済補償金支払の要否

契約終了	期間満了	従業員による更新不同意	不要
		会社による更新不同意	要
	会社破産、営業許可証の取消等		要
	定年退職		不要
	従業員の死亡等		不要
契約解除	合意解除	会社による提案	要
		従業員による提案	不要
	従業員による	即時解除	要
	会社による	即時解除	不要
		予告解除	要
		リストラ（人員削減）における解除	要

Q18 従業員解雇の方法

従業員を懲戒解雇したいと考えていますが、どのような場合に解雇が可能でしょうか。解雇が違法と判断された場合にはどのようなリスクがありますか。

A

懲戒解雇を行うかどうかは、従業員が行った不正行為の内容が就業規則のどの条項に違反するのかを確認した上、それを立証する客観的な証拠が揃っているかどうかによって慎重に決定する必要があります。仮に懲戒解雇が違法であったと判断された場合には、経済補償金を 2 倍支払う必要があります。

解　説

1　労働契約期間中の解雇

期間の定めのある労働契約にせよ、期間の定めのない労働契約にせよ、契約である以上、理由なく一方的に解雇することはできません。解雇できるのは、①会社と従業員が解雇に合意した場合、②法定の解雇事由に基づき解雇する場合です。②については、会社による即時解除、予告解除、リストラの 3 つに大別できます。

2　即時解除

以下のいずれかに該当する場合、会社は即時に労働契約を解除することができるとされています (労働契約法 39 条)。これらについてはいずれも従業員に非がある場合と考えていただいてよいと思います。

①　試用期間において採用条件に合致しないことが証明された場合

② 会社の規則制度に著しく違反した場合

③ 重大な職務上の過失を犯し、私利のために不正行為を行い、会社に重大な損害を与えた場合

④ 従業員が他の会社と同時に労働契約を確立しており、会社における業務上の任務の完了に重大な影響を及ぼした場合、又は会社が是正を要求したにもかかわらずこれを拒んだ場合

⑤ 詐欺又は脅迫の手段により、又は他人の弱みに付け込むことにより、真実の意思に反する状況のもと、企業に労働契約を締結させ又は変更させた場合

⑥ 法により刑事責任を追及された場合

3 予告解除

以下のいずれかに該当する場合、会社は 30 日前までに書面で従業員本人に通知するか、従業員に 1 か月分の賃金を支払って、労働契約を解除できるとされています（労働契約法 40 条）。

即時解除の場合に比べると、従業員に完全に非があるとはいえないケースだと考えていただいてよいと思います。

① 従業員が疾病又は業務外の負傷により、規定された医療期間の満了後、元の業務に従事することができず、会社が別途手配した業務にも従事できない場合

② 従業員が業務に耐えることができず、研修又は職場調整を経た後も、なお業務に耐えることができない場合

③ 労働益約の締結時に根拠とした客観的状況に著しい変化があり、労働契約を履行することができなくなり、会社と従業員による協議を経ても、労働契約の内容の変更について合意に達しない場合

4 リストラ解除

労働契約法は一定の事由がある場合にはリストラによる解除を認めていま

す。具体的には、人員を 20 名以上削減する必要がある、又は 20 名未満であっても従業員総数の 10 ％以上を削減する必要がある場合、会社は 30 日前までに労働組合又は従業員全体に状況を説明し、意見を聴取した後、リストラ案の労働行政部門への報告を経て、労働契約を解除することができます（労働契約法41 条）。

① 破産法の規定によって再生する場合
② 会社の生産経営に重大な困難が生じた場合
③ 会社の生産転換、重大な技術革新又は経営方式の調整を経てもなお人員削減が必要な場合
④ 労働契約の締結時に根拠とした客観的状況に重大な変化が生じたため、労働契約の履行が不可能となった場合

5　違法解雇とされた場合

　会社が上記の法定事由に基づき解除した場合であっても、従業員から、その解除事由には理由がないとして争われる可能性があります。そのような場合、従業員は労働仲裁を申し立て、違法解雇されたことを理由に 2 倍の経済補償金の支払を求めてくることになります。仮に会社が労働契約を違法に解除したと認定された場合には、2 倍の経済補償金を支払う必要があることから、会社が法定事由に基づき一方的に解雇する場合には、事実調査、証拠収集を十分に行った後、慎重に判断する必要があります。

　懲戒解雇を行う場合に、その懲戒解雇事由を定めた就業規則が法定の手続に従って従業員にきちんと交付・開示されていたかどうかが問題になることがあります。また、懲戒解雇事由をどのように定めているかも事実関係の適用にあたり論点となりますので、就業規則ではできるだけ具体的に懲戒事由を明記しておくことが実務上重要となります。

プラスα 解雇を断行するケース

　従業員の中には、不正を行っていると思われるが、確たる証拠がないため、解雇事由が見つからないものの絶対に辞めてもらいたい人がいる場合があります。例えば、キックバックをもらっていたり、親族の経営する会社を通じて不当に儲けていたりする場合、本来は、その証拠を収集した上で、懲戒解雇を行うか、懲戒解雇を前提に協議して辞めてもらう方法が比較的穏便に終了する方法になります。しかし懲戒解雇の証拠がどうしても見つからない場合や、従業員が解雇の協議に応じない場合があります。このような場合には、積極的にお勧めすることはできませんが、2倍の経済補償金を覚悟して解雇するという場合もあります。厳密には従業員から解除が無効だとして労働契約が継続していることの確認を求めて訴訟されるリスクはありますが、従業員としてもメンツがつぶされた会社でいつまでも仕事をしたくないとして、2倍の経済補償金が得られれば、他の会社に移るというケースも見受けられます。ただ現在はSNSなどで会社に対する誹謗中傷を行う場合もあり、炎上しないよう気をつける必要がありますので、慎重に判断する必要があるといえます。

Q19　労働組合の概要

中国には労働組合はありますか。その概要について教えてください。

A

　中国にも「工会」と呼ばれる労働組合が存在します。25名以上の組合員を有する場合、基層工会委員会を設立しなければなりません。会社が一定の行為を行うにあたって、工会の意見を聞く必要がある場合があります。

解　説

1　工会について

　中国には「工会」と呼ばれる労働組合が存在します。その趣旨や組合への参加資格など、労働組合と工会は厳密には異なりますが、従業員の意思によって組織される点では共通しています。中国では、全国レベルの中華全国総工会、県レベル以上の地方各級総工会が設立されており、その下に基層工会委員会があります。各地区に上級の工会が存在し、下級の工会の指導に当たっています。

2　工会の設立要件

　企業や事業単位が25名以上の組合員を有する場合、基層工会委員会を設立しなければならないとされています。25名に満たない場合、単独で基層労働組合委員会を設立するか、2つ以上の単位（組織）の組合員が共同で基層労働組合委員会を設立するか、又は組織者1名を選出し組合員を組織して活動を展開させることが可能です。

3 工会の役割

工会は、労働者の利益を代表し、法に従い労働者の合法的権益を擁護する（工会法2条）とされています。そのため、会社が従業員の権利・利益に関わるような行為を行うにあたり、工会の意見を聞かなければならない場面があります。

まず、就業規則の変更を行う場合です。すなわち使用者が、労働報酬、労働時間、休憩・休日・休暇、労働上の安全衛生、保険及び福利厚生、従業員研修、労働規律並びに労働ノルマ等の労働者の重要な利益に直接関わる規則制度又は重大事項を制定し、修正し又は決定する場合には、従業員代表大会又は従業員全体の討論を経て、試案及び意見を出し、工会又は従業員代表と平等に協議を行い、これを確定しなければならない（労働契約法4条2項）とされています。

また、労働契約を解除する場合に、工会への通知が必要となります。すなわち使用者が一方的に労働契約を解除する場合、事前に労働組合にその理由を通知しなければならないとされています。使用者が法律、行政法規の規定又は労働契約の約定に違反した場合、工会は使用者に是正を求める権利を有するとされます。使用者は、工会の意見を検討し、かつ処分の結果を工会に対して書面で通知しなければなりません（同法43条）。

◆工会の組織構造

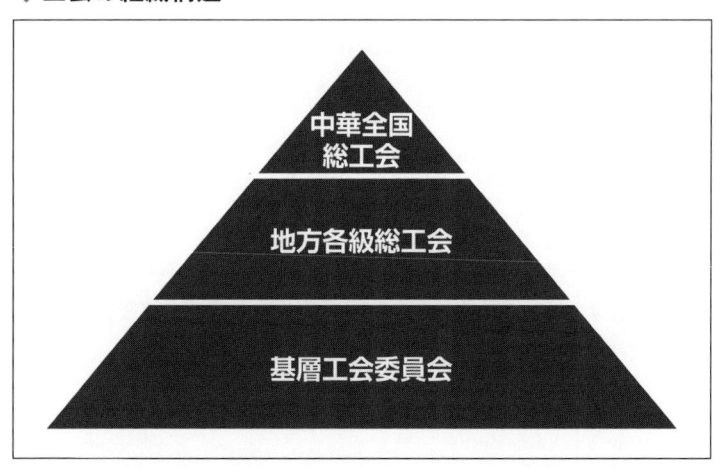

中華全国
総工会

地方各級総工会

基層工会委員会

Q20　残業代の取扱い

従業員から残業代の未払があると労働仲裁を申し立てられました。当社としては就業規則に基づき支払っていたのですが、従業員の残業代の計算方法は法律上どのように決まっているのでしょうか。また、退職済みの従業員からも同様の訴えを受けていますが、過去の分はいつまで遡って支払う必要があるのでしょうか。

A

中国では、労働契約法に残業代の計算方法が規定されています。いくら就業規則に規定があったとしても、労働契約法の基準以下であれば、労働契約法違反となります。残業代の計算方法については、平日、土日、法定休日に分けられてそれぞれ基準が決まっています。残業代を含む未払賃金の消滅時効は、従業員が退職してから 1 年とされていますが、在職中の従業員は過去何年にも遡って請求することができるとされています。

解　説

1　残業代の計算方法

中国では、平日、土日及び法定休日に分けて残業代の計算方法が別々に規定されています。

まず、平日の残業については 1 時間あたりの給与の 150 ％で支払う必要があります。残業時間が一定程度累積されたとしても、代休を付与することにより、残業代の支払を免れることはできません。

次に、土日の残業については 1 時間あたりの給与の 200 ％を支払う必要があります。土日の残業に対しては、残業代を支払う代わりに代休を付与すること

が可能です。

最後に、春節や国慶節といた法定休日の残業については1時間あたりの給与の300%を支払う必要があります。平日の残業同様、代休を付与することにより、残業代の支払を免れることはできません。

残業代の基数である1時間あたりの給与は、月賃金を月の法定賃金計算日数である21.75で割った上で、1日あたりの労働時間である8時間で割った金額となります。

残業代基数：月賃金÷21.75（月の法定賃金計算日数）÷8

2　消滅時効

労働債権の消滅時効（労働仲裁への申立期限）は、従業員が会社との労働契約を終了してから1年以内とされています。すなわち従業員が退職してから1年を経過した場合には残業代の請求を労働仲裁に申し立てることはできません。

しかし、従業員が会社で勤務している場合、労働債権は消滅時効にかからないと解されています。そのため従業員が勤務し続ける以上は、労働者が勤務し始めてからの残業代全てを請求され認められる可能性があることになります。

3　立証責任

従業員から、残業代を含む過去の未払賃金を請求された場合、その立証責任については、過去2年分は会社側に、それ以前は従業員側にあるとされています。例えば、会社に勤務する従業員が過去10年分の残業代の支払を求めて労働仲裁を申し立てた場合、過去2年分については、会社が、従業員のタイムカードの記録などの証拠を提出するなどして、残業がなかったことを立証しなければなりません。他方でそれ以前の分については、従業員が残業に関する証拠を提出し立証しなければなりません。

4　管理職の残業代

　中国では、管理職に対しても原則として残業代を支払う必要があるとされています。もっとも会社の総経理、副総経理、財務責任者などの高級管理職は、いわゆる不定時労働制を採れば残業代を支払う必要がないとされています。不定時労働制とは、出退勤の時間が特に決められていない労働時間制度をいいます。この場合、いわゆる1日あたりの時間外労働の上限規制や1か月あたりの時間外労働の上限規制の適用はありません。

　ただし、不定時労働制の実施には、原則として事前に労働行政部門に届け出る必要があるとされており、単に高級管理職であるというだけで届出を行うことなく残業代を支払っていない場合には、残業代の支払を求められる可能性がありますので、注意が必要です。

◆残業代の割増賃金

	平日	土日	法定休日
残業代	150 %	200 %	300 %
代休の付与	不可	可	不可

Q21 有給休暇と傷病休暇

従業員の有給休暇の制度について教えてください。

A

中国では、従業員に累計勤務年数に応じて法定の有給休暇期間が設けられています。もちろん会社が従業員に対し法定以上の有給休暇を与えることは可能です。なお、この累計勤務年数はその会社での勤務期間だけではなく、当該従業員が社会人になってから累計して勤務した年数を指すことに注意が必要です。

解 説

1 有給休暇の取得要件

従業員は連続して満 12 か月以上勤務した場合には年次有給休暇を取得することができるとされています。この 12 か月以上とは、必ずしも現在の会社での勤務月数を指すわけではありません。すなわち過去に異なる会社で連続して12 か月以上勤務した場合には、その後転職した場合であっても、当該要件を満たすことになります。

2 有給休暇の日数

中国では有給休暇の日数を累計勤続年数に応じて付与されることになっています。

◆年次有給休暇の付与日数

累計勤務年数	1 年以上 10 年未満	10 年以上 20 年未満	20 年以上
年次有給休暇日数	5 日	10 日	15 日

　ここでの累計勤続年数は、現在勤務している会社での勤続年数に限られません。すなわち当該従業員が社会人になって別の会社で勤務した年数も加算されることになります。

　ただし、上記のとおり 12 か月以上連続して勤務したことがない場合には、そもそも有給休暇が発生しないことに注意が必要です。

　もちろん会社が自ら法定の年次有給休暇の日数以上の日数を付与することは問題ありません。

3　未消化有給休暇について

　年次有給休暇は毎年 1 月 1 日から 12 月 31 日までの 1 年間に対して与えられます。また、年次有給休暇は原則として年度を跨がないように手配する（従業員年次有給休暇条例 5 条 1 項）とされています。そのため 12 月 31 日までの間に消化されなかった場合にどうするかという問題が生じることになりますが、この点について、企業従業員年次有給休暇実施規則 9 条によると、原則として繰り越すことはできず、労働者の個別同意がある場合、翌年度に限って繰り越すことができるとされています。では労働者の個別同意が得られない場合や翌年度も消化しきれなかった場合には、当該従業員の 1 日あたりの賃金の 300 ％に相当する額で買い取らなければならないとされています（従業員年次有給休暇条例 5 条）。なお、この場合の 1 日あたりの賃金は月額賃金を 21.75 で除した金額とされています。

4　傷病休暇（医療期間）

　中国では病気を理由とする休職制度が法律上定められており、その医療期間

中は普通解雇（労働契約法 40 条及び 41 条）ができないとされています（同法 42 条 2 号）。

医療期間は法律上、以下のとおり取得できるとされています。

◆ 傷病休暇の付与期間

累計 勤続年数	現在の会社における 勤続年数	付与される 医療期間	医療期間を取得しな ければならない期間
10 年未満	5 年未満	3 カ月	6 か月
	5 年以上	6 か月	12 か月
10 年以上	5 年未満	6 か月	12 か月
	5 年以上 10 年未満	9 か月	15 か月
	10 年以上 15 年未満	12 か月	18 か月
	15 年以上 20 年未満	18 か月	24 か月
	20 年以上	24 か月	30 か月

医療期間終了時に労働者が元の業務に従事することができず、かつ使用者が別途手配した業務にも従事できない場合には解雇が可能です（同法 40 条 1 号）。

なお、医療期間中の賃金については、各地方によって異なる基準が定められています。例えば上海では、医療期間中の賃金支給は連続 6 か月以内の休暇と、それを超える場合に分けられ、現在勤務する会社における勤務年数に応じて、賃金の何％が支給されるかが決まることになります。詳細は各地方の規定を確認する必要があります。

Q22 労働紛争の解決方法

従業員との労働紛争はどのように解決することになるのでしょうか。

A

従業員との労働紛争を話し合いで解決することができればよいですが、仮に従業員が納得しない場合には、公的機関における解決方法によることになります。当事者は、調停組織による調停、労働紛争仲裁委員会による仲裁などで判断してもらい、仮に納得できない場合には裁判によることとなります。

解 説

1 協議

会社が従業員との間の労働契約を解除したような場合、残業代や経済補償金に関して争いになることがあります。その場合、まずは従業員と会社が、直接当事者間において協議を行うことになります（労働紛争調停仲裁法4条）。この場合、従業員は労働組合や第三者を間に入れて会社と協議することが可能です。

2 調停組織による調停

当事者が協議を希望せず、又は協議が不一致に終わる、あるいは協議後の合意内容が履行されないような場合、当事者は、調停組織に調停を申し立てることができます（労働紛争調停仲裁法5条）。調停組織が調停申立てを受理してから15日以内に調停による合意ができない場合には、当事者は仲裁の申立てを行うことができるとされています（同法14条3項）。

3　労働仲裁

　当事者が協議や調停を希望せず、又は調停が不一致に終わる、あるいは調停後の合意内容が履行されないような場合、当事者は、労働紛争仲介委員会に対して労働仲裁を申し立てることができます（労働紛争調停仲裁法第5条）

　仲裁の申立費用は無料とされており、従業員にとっては仲裁を申し立てるハードルが低くなっています（同法53項）。労働仲裁は通常3人の仲裁人が付くことになりますが、簡単な労働紛争事件については1名の仲裁人のみが仲裁を行うこともあります（同法31条）。仲裁処理期間は原則として仲裁を受理してから45日以内に終結することとされており、事案が複雑な場合には15日以内で延期することができるとされています（同法43項）。

4　人民法院における労働裁判

　仲裁判断に不服がある場合、当事者は、仲裁判断を受け取った日から15日以内に人民法院に対し訴訟提起することができます。基本的に従業員はあらゆる事案において訴訟提起することができますが、他方で会社は、①最低賃金の12か月分を超えない労働賃金等の紛争、②国の労働基準の執行により、労働時間、休暇、社会保障等の分野において生じた紛争のような一定の事案の場合を除いて訴訟提起することができます（労働紛争調停仲裁法47条）。なお、仲裁判断を経ずにいきなり人民法院に対し訴訟提起することはできません。

5　仲裁時効

　労働紛争に関して仲裁を申し立てることができる時効は1年とされています。仲裁の事項期間は権利を侵害されたことを知り、若しくは知り得た日から起算されます（労働紛争調停仲裁法27条1項）。

　この仲裁時効期間は、当事者の一方が相手方に対し権利を主張したり、関連部門に対し権利の救済を申し立てたりした場合、また相手方が時効の中断に同意したような場合には中断するとされています（同法27条2項）。

　労働契約期間中における労働報酬の支払遅延（残業代を含みます）の紛争につ

いては、労働者の仲裁申立は時効の制限を受けませんが、労働関係が終了した場合、労働関係の終了日から1年以内に労働仲裁を申し立てる必要があります（同法27条4項）。要するに会社と従業員の労働契約が続いている限り、従業員は過去の労働報酬の未払に関して、いつでも労働仲裁を申し立てることができるのに対し、労働契約がいったん終了した場合には、終了から1年以内に仲裁を申し立てなければならないという時効の制限を受けることになります。

◆労働仲裁から訴訟への不服申立

Q23 中国における不正行為

中国における企業内の不正行為にはどのようなものがありますか。

A

中国の不正行為には多くの類型があります。大きく分けて、仕入、販売、粉飾決算、その他の4つの場面での不正行為が挙げられます。それぞれの場面の不正行為ごとに対策を講じておく必要があります。

解 説

1 仕入における不正行為

仕入において最も多い不正行為は、仕入業者からのいわゆるキックバックです。すなわち調達担当の従業員が、仕入業者に対して発注する代わりに、仕入業者から一定の割合や金額のキックバックを受領する行為です。運送業者などの代替性の高い業者についても、同様のキックバックが発生しやすいといえます。このようなキックバックがなされる場合には、通常他の業者に比べて高い金額に設定されていることが多く、その差額が会社にとっての損失となります。また、仕入担当のみが違法に私腹を肥やす結果、社内全体としてのコンプライアンス意識の低下を招くことになります。このようなキックバックを防止するためには、仕入業者の選定に際して必ず複数の相見積りを取り、仕入担当の定期的な交代などの対策を講じることが有効です。

次に仕入担当の従業員や中国子会社の責任者が親族に会社を設立させ、その会社を介して仕入を行うこともあります。その結果、当該会社を通じない場合と比較して高い金額を設定されたり、本来必要のない中間取引を挟んだりする結果となり、その差額が会社の損害となります。親族関係を完全に把握するこ

とは難しいものの、入社時に親族の氏名などについて確認しておくことや、定期的に仕入先の会社情報をチェックしておくことが有用です。

さらに実際には行っていない仕入を架空計上するケースもあります。このようにして仕入業者に対して支払われた代金は、中国子会社の責任者や仕入担当などの個人に返還され、私的に流用されたり、場合によっては中国子会社の商業賄賂として使用されたりします。そのため中国子会社の経営の根幹に関わるような重大な問題に発展するケースもあり注意が必要です。このような架空計上を防止するため、原材料や部品であれば定期的に棚卸を実施したり、サービスであれば本当に対価性のあるサービスを受けているかどうかの点検を実施したりすることが重要です。

2　販売における不正行為

販売における不正行為として典型的なものは商業賄賂、すなわち取引業者に対するリベートの支払等です。これらは取引業者から発注してもらえるように渡すものになりますが、社会的な儀礼の範囲を超えた贈呈は商業賄賂にあたると判断されるリスクがあります。

リベートであっても、いわゆる帳簿に記載されるものは問題になりません。帳簿に記載されない形での値引きやリベートは商業賄賂に該当すると判断される可能性があります。

また、仕入と同様、親族経営の会社を介した取引や、売上の架空計上といった不正行為もあります。

3　粉飾決算

売上の過剰計上や在庫の水増しといった粉飾決算があります。

また、中国子会社の責任者が、本社報告用に監査報告書を書き換えていたというケースもあります。

4　その他

　その他の典型的な不正行為をご紹介しておきます。

　まず、偽造領収書による精算はよく見受けられます。中国は「発票」と呼ばれるインボイスによって税務局のシステムと全て連携して管理されています。そのため領収書の番号を税務局のシステムで入力すれば、いつ誰から誰にどのような名目で発行されたものかがわかるのですが、偽造領収書による場合は税務局のシステムに番号を入力しても存在しないと表示されます。このような偽造領収書は中国で安価で手に入れることができるため、このような偽造領収書を用いて精算をする場合がありますので注意が必要です。このような偽造領収書による場合は、会社として本来不要な経費を精算させられている可能性が高いばかりか、税務当局から経費性を否認され、その分の企業所得税の納付を求められるケースがあります。このような偽造領収書による経費精算を防止するためには、税務局のシステムでの抜き打ち検査を実施することが有用です。

　その他には、中国子会社の責任者によっては、従業員ではない家族を従業員として、会社に社会保険料を支払わせたり、給与を支払わせたりしているケースもあります。このような行為を防止するためには、定期的に本社や第三者による人事・経理に確認することが良いと思います。

　次に会社の商業秘密に関する情報を持ったまま、他の競業他社に転職したり、自ら独立したりするなどの行為もあります。これらを防止するためには、従業員の勤務時における商業秘密の管理はもちろん、退職時の秘密保持契約を締結して高い違約金を定めておくなどの対策を採る必要があります。

　最後に在庫の横流しや売却時にお金になるスクラップの処理などにも注意する必要があります。

◆ 典型的な不正事例

場面	不正行為	不正の内容
仕入	キックバック	仕入担当者が、仕入先から原材料を購入する代わりに不正なキックバックをもらう。
	親族経営の会社を介した取引	管理者や仕入担当者が、親族が経営する会社を通じて仕入を行うよう手配し、利益を搾取する。
	架空取引	実際には存在しない仕入を行ったことにして架空会社や取引先と共謀して会社から仕入代金を得る。
販売	販売先へのリベート提供	顧客から発注してもらえるよう、販売先に対して賄賂行為を行う。
	親族経営の会社を介した取引	管理者や販売担当者が、親族が経営する会社に転売目的で購入させ、利益を搾取する。
	架空取引	上記と同様
粉飾決算	売上の過剰計上	架空取引等を設定し、売上額を過剰に計上する。
	在庫の水増し	在庫の横流しを隠すために、在庫の水増しをする。
その他	偽造領収書による精算	従業員が営業費用の精算に際して、偽造領収書を使用して、会社から金銭を得る。
	競業避止義務違反	会社と競合の業務を経営し、ビジネスチャンスを奪い、又は会社のビジネスチャンスを他社へ譲る。
	親族等に対する給料の支払	親族や架空の人物を雇用していないにもかかわらず、雇用していることにして、会社から給与の支払を得る。
	スクラップの販売代金の着服	生産会社においてスクラップが生じるような場合、担当者が販売代金を会社に入れずに着服する。
	在庫の横流し	正規ルートによらず在庫を横流しして利益を得る。
	秘密漏洩・盗み取り	会社の商業秘密を漏洩し、若しくは他社の商業秘密を盗み取る。

Q24 不正行為の調査と再発防止

中国子会社の不正行為の報告を受けた場合、どのように対処すれば
よいでしょうか。

A

中国子会社の不正行為の報告を受けた場合、最も重要なことは客観的に事実
関係を確認し、規律に従って厳正に対処し、再発防止に努めることです。不正
行為を行った可能性のある従業員に遠慮して十分な調査をせず、厳正に対処し
なければ、他の従業員らの不満が高まると共に、他の従業員の不正を誘発する
恐れさえあります。また競争相手の足を引っ張るために虚偽の報告をするよう
なケースもありますので、きちんと客観的な証拠をもって判断しなければなり
ません。

解 説

1 不正行為の報告

不正行為の報告には、内部の従業員による場合や外部の取引業者による場合
などがあります。このような不正行為の報告は、不正調査の端緒となる大変重
要な情報になるため、決して放置したり無視したりすることなく、適切に対応
する必要があります。不正行為の報告をきっかけに不正調査を実施し、従来の
誤ったやり方を是正して再発防止につなげることができます。不正行為の報告
があったにもかかわらず何ら調査を実施せず、後日発覚して問題になったよう
な場合には、日本本社の当時の取締役の善管注意義務違反を問われかねませ
ん。また、直接本社に対してなされる不正行為の報告には、中国子会社の責任
者が関与しているようなケースもあるため、調査にあたっての情報の共有・開

示には特に気をつける必要があります。

2　調査チームの結成

　不正調査を行うにあたり、まず考えなければならないのは、どのような調査チームを結成するかです。具体的には以下の 4 つの調査チームの結成方法があります。それぞれの調査チームに特徴がありますが、いずれの調査チームを選択するかは、①組織的な不正か否か、②組織のトップの関与の有無、③不正行為が犯罪性を帯びるか否か、④企業ダメージの大きさ、⑤社内メンバーのみで外部から信用してもらえるか等の様々な要素を考慮して、個別に判断することになります。

◆ 各調査チームの特徴

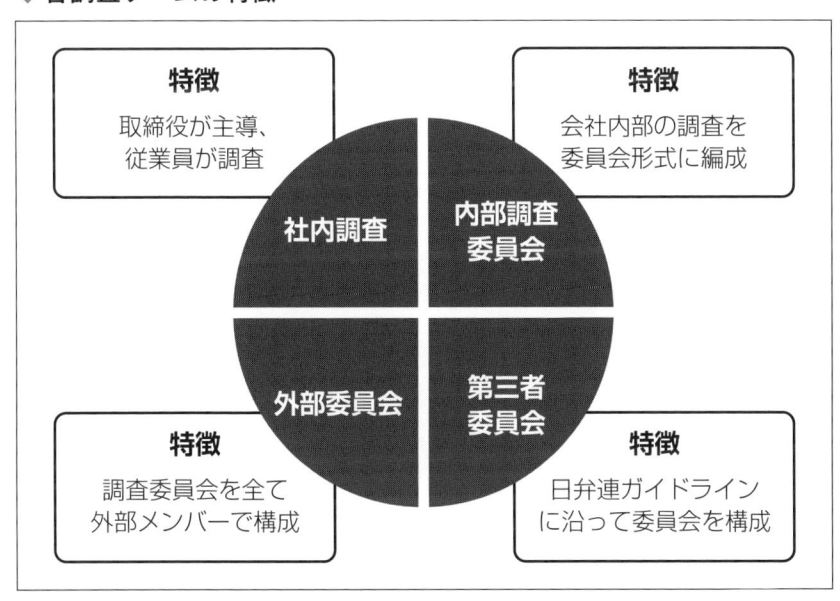

3 調査の流れ

　どのような調査を行うかは不正行為の具体的な内容によりますが、一般的に行われる調査の流れは以下のとおりです。

◆不正調査の一般的なフロー

対象の特定
・不正行為の特定
・調査対象者の特定

証拠収集
・PC、スマホデータ等のフォレンジック
・会計帳簿、関連契約等の書類証拠の収集

聞き取り
・関係者のインタビュー
・調査対象者のインタビュー

詳細調査
・証拠収集と聞き取りを繰り返す

調査完了
・調査報告書の作成
・再発防止策の提案

4 再発防止

　不正調査を行う場合、不正の事実と原因を調査すると共に、不正が再発しないよう防止策を構築する必要があります。再発防止策の構築にあたっては、①不正の兆候を見逃さない体制づくり（e.g. 不正に関する社内教育、部門間の相互監督）、②不正の兆候を吸い上げる体制づくり（e.g. 定期的な親子会社間のミーティング、内部通報制度）、③権限の分散を目指した体制づくり（e.g. 定期的な人事異動、

関連規程の作成、運用、改訂）といった３つの視点から体制を構築する必要があります。

プラスα　内部通報制度の効用

　中国の子会社て不正が発覚する場合のきっかけは様々です。親会社による内部監査て発覚することもあれば、別会社への当局の摘発を切っ掛けに賄賂提供元に自社も含まれていたとして当局から連絡がある場合もあります。さらに、コロナ前頃から多くなっているのが、社内の内部通報制度を通じた不正の発覚です。最近では日本本社に内部通報制度がある会社も多いので、中国の子会社ても制度導入を検討する会社も増えてきています。

　内部通報制度を導入する場合、決まって言われるのが、雑多な通報が多く処理が煩雑、子会社内で完結すると組織的な不正が握りつぶされるといったデメリットです。しかし、多くの雑多な通報の中に重要な不正の通報が含まれていることもありますし、制度の工夫次第て社内ての握りつぶしを防止することもてきます。また、内部通報制度は不正をしている従業員又はしたいと思っている従業員にとっては、いつ誰から通報されるかわからないため、心理的なブレーキになるという牽制効果も期待てきます。そのため、中国に赴任された後、社内の不正がテーマになる際には、内部通報制度の導入を検討されても良いかと思います。

Q25 民間企業間の商業賄賂

取引の相手方から商業賄賂を求められています。中国は厳しくなったと言いながらも今でも横行していると考え、賄賂を手渡してもよいでしょうか。

A

中国における商業賄賂は、一昔前であれば「中国での営業手段の一つ」という考えの人もいましたが、現在は厳しく取り締まられています。重い刑事罰を科される可能性がありますし、コンプライアンス上問題がある行為ですので、安易に商業賄賂を渡さないよう注意する必要があります。

解　説

1　中国における商業賄賂

日本では賄賂と言えば、公務員との間の賄賂を指し、民間企業間での賄賂は処罰されません。これに対し、中国では、公務員への賄賂だけでなく、民間企業間での賄賂も商業賄賂として禁止されています。商業賄賂は不正な競争行為の一つとして不正競争防止法第7条で規定されており、取引機会又は競争上の優位を獲得するために、財物等を用いて、以下の者に賄賂を行ってはならないとされています。ここで「財物等」には、現金のみならず商品券、視察名目の旅行等、有形無形の利益の提供が含まれ、また、名目をコンサル費、協賛費等の別名目に変えても商業賄賂の認定を回避することはできません。

【商業賄賂と認定される相手方】

①　取引相手の従業員

　　e.g. 取引先の担当者

② 取引相手の委託を受けて、関連事務を処理する団体又は個人

　e.g. 取引先の仲介事業者

③ 職権又は影響力を利用して、取引相手に影響を与えられる団体又は個人

　e.g. 行政当局の OB や OB が設立したコンサルティング会社

　商業賄賂の典型例としては、自社の営業部門の担当者が取引先の担当者に金銭を渡して取引先との取引を維持又は増加させるケースが挙げられます。また、取引先の担当者が、中国の商習慣といった理由をつけて馴染みの商社やコンサルを間に挟みたいといった条件を出してくるときは上記②、③の疑いがあるため、中国ビジネスに慣れていない新規赴任者などは要注意です。

　さらに、不正競争防止法上、従業員の商業賄賂は会社の行為とみなされ、会社に対して違法所得の没収、300 万元以下の行政罰、情状が重ければ営業停止処分が課されるということは頭に入れておくべきです。また、場合によっては刑事犯罪として処罰される可能性もあります。さらに、実際の商業賄賂の認定にあたっては、特定の時点ではなく数年間にわたる継続的な行為を一つの賄賂行為と認定される傾向が強いため、当該数年間の賄賂行為による利益が没収されることは企業の経済的負担も重くなります。

2　割引と違法なリベート

　中国の法律上、取引先との間のあらゆる利益の提供が違法になるわけではなく、明示的な方法で、取引先（すなわち担当者ではなく会社）又は中間業者に対して一定の割引を行い、その利益の還元を帳簿上に事実どおり記載していれば、合法的な割引として認められています。具体的には、以下の基準①〜③のいずれも〇であれば合法的な割引、どこかが×であれば違法なリベートになります。

基準①（主体）	取引先自身	○
	取引先の従業員	×
基準②（帳簿）	帳簿への記載あり	○
	帳簿への記載なし	×
基準③（明示性）	帳簿の記載が事実どおり	○
	帳簿の記載が別の名目	×

3　国有企業と商業賄賂

　国有企業と取引する場合、その従業員との間に上記のような賄賂行為がある場合には原則として商業賄賂となります。しかし、国有企業の従業員はその職位や権限、取引における役割次第では、公務員として扱われる場合があり、商業賄賂ではなく公務員への贈賄となる可能性があるため、細心の注意を払う必要があります。

　公務員への贈賄については、不正競争行為ではないため刑法の贈賄罪として処罰されます。商業賄賂についても刑法における国の職員ではない者への贈賄罪として処罰されますが、公務員への贈賄の方が処罰が重くなります。

【赴任者としての心得】

- ・「中国の商習慣」というマジックワードに惑わされない。
- ・「10 年前は日常茶飯事だった」という時代は既に過去のこと。
- ・従業員の賄賂は会社の賄賂（「彼／彼女の判断でやった」は通用しない）。

Q26 中国の知的財産権制度

中国の知財制度の概要について教えてください。

A

　中国でも、日本と同様、特許権、実用新案権、意匠権、商標権、著作権等の知的財産権に関する法律があります。それぞれの法律の内容は、日本のそれと共通する部分もありますが、中国特有の制度もあります。また近年、中国での特許出願件数が非常に増えています。

解　説

1　特許権・実用新案権・意匠権

　中国では、新しい技術やデザイン等について、特許権、実用新案権、意匠権が認められており、これら３つをまとめて「専利」と呼びます。

　３つの権利とも、まず出願をして中国の特許行政部門による審査を経て、拒絶事由がなければ権利が付与されます。

　特許権については、権利付与のための新規性、進歩性と実用性の有無が実体審査されます。これに対し、実用新案権と意匠権については、特許のような実体審査はなされず、明らかな拒絶事由の有無といった方式審査を通過すれば権利が付与されます（特許法40条）。形式的な方式審査だけで権利が付与される分、将来、権利の無効を主張される可能性が高いものの、数か月の短期間で権利付与されるメリットもあるため、中国企業の中には、早期の権利化を目的として実用新案や意匠を出願する企業も多くいます。

　権利の保護期間は、特許権は20年間、実用新案権は10年間で日本と同じですが、意匠権については10年間とされており、日本よりも保護期間が短く

なっています。

特許権、実用新案権、意匠権の侵害に対する救済方法としては、人民法院での訴訟を通じた侵害行為の差し止めや損害の賠償が認められ、行為の性質次第では刑事責任を科せられます。

中国の特許法の特徴としては、まず一つ目は懲罰的損害賠償制度が挙げられます。この制度は 2020 年の法改正で設けられた制度で、侵害の情状が重い場合、裁判で認められた本来の損害額について最高 5 倍まで拡大することが認められました。

次に二つ目は、特許行政部門に対して侵害行為を停止するよう申立てできることです（同法 60 条）。実際には侵害の事実の立証は容易ではないため、特許行政部門が単独で権利侵害を認めるケースは少ないですが、特許行政部門は侵害の疑いがあると判断すれば強力な調査権限を有するため、権利者としては、ある程度の侵害事実の証拠がある場合には、特許行政部門に申し立てることも選択肢の一つになります。

2 商標権

中国でも 1982 年から商標法が制定されています。中国で商標の保護を受けるためには、保護を希望する商品やサービス分野を指定して出願し、先行する同一又は類似商標の有無といった審査を経て商標登録されます。商標登録されると、10 年間保護され、更新を希望する場合には、10 年毎に更新することが認められます。

外国企業にとって中国での商標権の保護は、中国で頻発する自社のロゴやマークの模倣品被害への対抗策として重要な手段です。現在の商標法では、使用を目的としない悪意の商標登録出願を認めておらず（商標法 4 条）、他人が先に使用する未登録商標と同じ又は類似する商標の出願について両者の間に取引等があって出願者が商標未登録を知っているような場合には登録が認められません（同法 15 条）。

次に、商標権侵害への救済ですが、人民法院での訴訟を通じた差止めや損害

賠償請求が認められます。そして、特許と同じく、本来の損害額の 5 倍以下までの懲罰的賠償制度が認められています（同法 63 条）。また、商標行政部門への処理の申立てが認められており、商標権侵害については一定の効果を発揮します。というのも、商標の類似性は比較的判断しやすく商標行政部門の担当者にも侵害を判断できますし、商標法上、行政機関には現場への立入調査から現物の差し押さえ権限まで認められています。実際の模倣品対応では、製造現場を特定するハードルが高いものの、中国の商標法では、行政機関を通じた摘発という特徴的な手続があります。

3　著作権

　中国にも著作権法があり、外国人の著作物についても、その外国人の所属国と中国の間で国際条約に加盟している場合には中国でも中国の著作権法による保護を受けます。日本と中国はいずれも著作権の相互保護を定めたベルヌ条約等の国際条約に加盟しているため、日本で創作された著作物であっても中国の著作権による保護を受けることになります。そのため、日本のアニメや漫画などのコンテンツも中国の著作権法により保護されることになります。

　著作権は、主に著作者の氏名表示や内容修正権を含む著作者人格権と、著作物をコピーする権利や上映する権利等の著作財産権に分かれており、それらの著作権は、著作物の創作を完成することにより発生し、特許権や商標権のように出願登録によって著作権が発生するわけではありません。

　中国で著作権侵害の裁判をする際、自らが著作権者であることを立証するために有効な手段の一つとして著作権登録があります。中国の著作権保護センターで登録手続をすることにより、著作権登録日時を記載した登録証書を受領することができ、登録証記載の日時時点には著作権者であったことの初歩的な推定が及ぶため、自らの権利の存在を裁判で主張するためには有効な手段となります。

　著作権の保護期間は、個人であればその生涯及び死後 50 年間、法人であれば 50 年間保護されることになります。

◆ 知的財産権

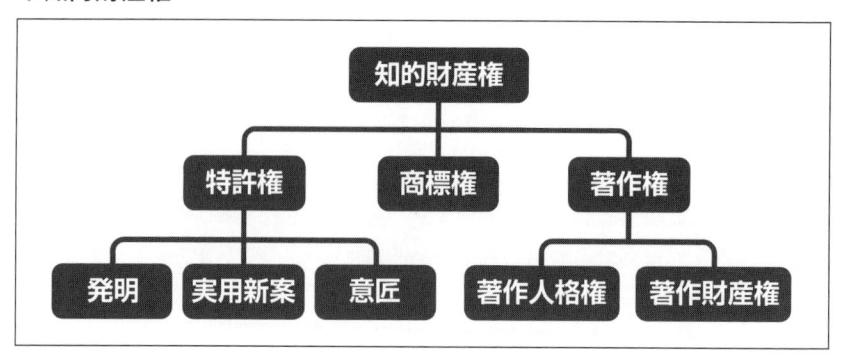

プラスα 中国で生まれる発明等の取扱い

　最近の中国政府の中国国産品保護政策の影響を受けて、中国国内で自社製品の中核部分を製造したり、高度な製品技術の研究開発を行う日本企業も増えており、中国現地法人で発明や実用新案が生まれるケースも出てきています。このように会社の業務の中で生まれる発明を職務発明といいますが、その発明等に関する特許権は誰に帰属するか、従業員は何か報酬を受け取るのか、ご存じでしょうか？　日本でも、ノーベル化学賞を受賞した中村修二氏が、過去に青色発光ダイオードの発明報酬を巡って裁判になったことがありますが、その中国版というわけです。

　質問の回答としては、特許権は会社に帰属しますが、特許権者である会社は従業員に対して発明行為に対する奨励金、さらにはその発明を使うことに伴う報酬を支払わなければなりません。ここで中国が日本と異なるのは、従業員に対する奨励金や報酬の割合が非常に高いということです。また2024年1月には特許法の実施細則が改正され、その割合が以下のように引き上げられました。

　ここでのポイントは、発明者への支払金額が高いこともさることながら、以下の表で定めた金額はいずれも、会社内で独自の規程がない場合の

ルールであるということです。逆に、会社で独自の規程を定めれば、以下
のルールは適用されなくなります。そのため、中国で研究開発を行う又は
行う計画の日本企業にとっては、中国で生まれる発明の取扱いについても
検討しておくことをお薦めします。

◆ 発明特許につき発明者が受け取れる報酬

【発明特許の出願登録に伴う奨励金の支払】

	改正前	改正後
奨励金	3,000 人民元	4,000 人民元

【合理的な報酬の支払】

	改正前	改正後
発明特許を自ら実施した場合	毎年、実施による営業利益の 2 %	実用化、生産後の連続 3〜5 年の間で、毎年、実施による営業利益の 5 %
第三者に実施許諾した場合	受け取った使用料の 10 %	実施許諾による純収入の 50 %
第三者に譲渡した場合	規定なし	譲渡による純収入の 50 %

Q27 中国における模倣品対応

中国で模倣品の販売をされていることを発見しました。どのように対応すればよいでしょうか。

A

最初に自分の知的財産権が登録済であるかを確認してください。もし登録済の知的財産権である場合、Tmall などプラットフォームがあるときにはそのクレームシステムを利用することが有効です。これに対し、登録済の知的財産権がない場合、知的財産権を保護する法律以外の手段で権利行使できないかを検討する必要があります。

解 説

中国といえば模倣品、模倣品といえば中国、という言葉に共感される中国赴任者の方もおられると思います。そのくらい中国では、昔から日本企業の知的財産権に関する模倣品被害が後を絶ちません。模倣品被害が出た場合、基本的に被害に遭った自社の製品やロゴ等について中国の法律に基づき権利登録されているか否かが大きな分かれ目になり、対応方法も異なります。ただ、最近の模倣品対応も、中国社会の変化や法律の整備等に伴い、少しずつ変化していることも事実です。

1 自社の知的財産権が登録済の場合

もし、自社の製品や商標などが模倣された場合、中国にも特許法や商標法がありますので、自社の製品技術に関する登録済特許権や登録済商標権があれば、その権利を行使して模倣品業者に対して侵害訴訟や、中国の行政機関を通

じた摘発を実施していくのが伝統的な手法といえます。

　もっとも、中国社会のデジタル化に伴い、消費者は Tmall といったプラットフォームを通じた EC サイトで自分の欲しいものを購入することが常識になっています（毎年、11 月 11 日の独身の日の EC サイトでの売上額は 1 日で数兆円規模を記録しています）。このような EC 市場の経済規模の巨大化に合わせて、Tmall などの EC プラットフォームは Tmall 内での模倣品対応を重視しており、自社の EC サイトで偽物商品が販売されている旨の相応の証拠と共にクレームがあると、偽物商品を販売する EC 店舗を閉鎖し、店舗側に違約金を課すといった対応を非常にスムーズに行ってくれます。そのため、自社製品の模倣品被害が Tmall 等の EC サイトで発見された場合には、速やかに当該店舗で自社の登録済の権利を侵害する模倣品が販売されている旨の証拠を確保した上で EC プラットフォームにクレームすることは有効な模倣品対策といえます。

2　自社の知的財産権が未登録の場合

　もし自社の知的財産権が未登録の場合、特許法や商標法といった知的財産法上の権利を使って解決することはできません。

　もっとも、BtoC ビジネスにおける消費者保護の観点、権利へのただ乗り禁止の観点、さらには製品品質保護の観点から、模倣品事業者の侵害行為を止めさせる方法は考えられます。

　まず、消費者保護の観点から、偽物商品の販売行為は消費者に対する詐欺行為にあたり、消費者の権利を著しく侵害するものといえます。そのため、日本企業としては、偽物業者の詐欺行為や消費者権益保護法の違反行為について行政機関に消費者に代わって告発し、又は裁判所に訴訟提起することが考えられます。

　次に、自社のロゴと同じロゴを使っているようなケースでは、他人の商品と誤認させるような混同行為があるとの理由で、中国の不正競争防止法に基づき、行政機関に申立てをしたり、裁判所に提訴したりすることが考えられます。

　さらに、模倣品の場合、粗悪な品質の原料や素材を使っているケースが多い

ため、その商品について法律上要求される品質を満たさない場合が多いため、模倣品について製品品質上の瑕疵やその他の製品品質法の違反を理由に行政機関に対して告発することが考えられます。

◆ 模倣品被害の対応方法

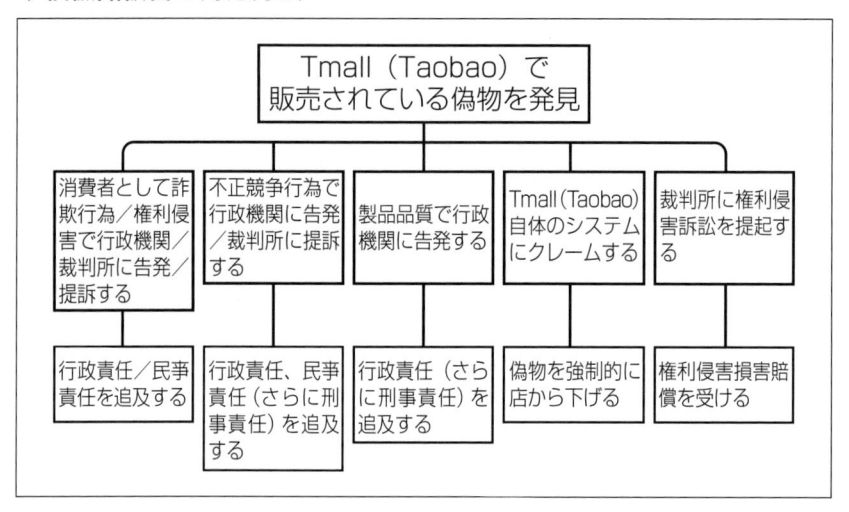

Q28 技術やノウハウの提供と中国特有の規制

日本の会社が中国の企業に対して自社の技術ノウハウをライセンスする場合、どのような点に気をつけるべきでしょうか。

A

まずライセンス技術がどの技術分類に該当するかを確認しておく必要があります。次にライセンサーである日本企業に課される技術の完全性の保証責任、非侵害の保証責任に気をつけるべきです。またライセンスフィーの設定方法や回収方法についても気をつけた方がよいです。

解　説

中国国内の企業に自社の技術をライセンスする場合の留意点について、以下の３つの視点から解説します。

◆ 技術ライセンスの視点

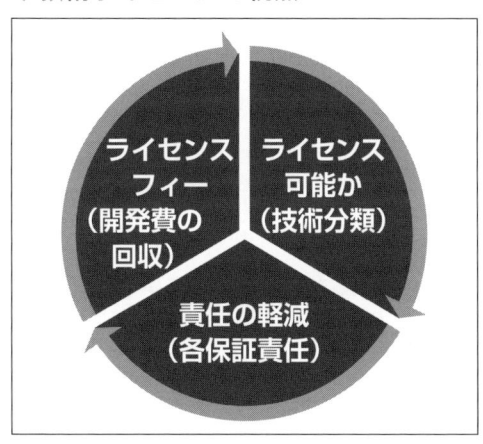

1　ライセンス技術に関する技術分類

　外国企業が中国企業に技術ライセンスをする場合、中国の技術輸出入管理条例（以下「管理条例」といいます）が適用されるため、同条例に従って、技術が①禁止技術、②制限技術、③自由技術のいずれに該当するかを確認しなければなりません。そして、①に該当すれば、技術ライセンス自体ができません。これに対し、②に該当すれば、事前に中国の行政管理部門の許可を得なければならず、ライセンス契約の効力もこの許可を得ることで生じます。最後に③に該当すれば、当局の許可なく当事者間の約定で技術ライセンス契約を締結できますが、契約の登録が必要になります。

　管理条例上、①及び②に該当する技術のリストが公開されており、同リストに掲載がなければ③とみなされます。また、外国企業がライセンスする技術のほとんどが③であるため、実際に同管理条例を理由に技術ライセンス自体が禁止又は制限されるケースは非常にまれといえます。ただ、万が一①、②に該当するにもかかわらず技術ライセンス契約を締結して、技術移転をすると中国の法令違反として処罰される可能性もあるため、中国の企業へ技術ライセンスをする際には、最初に確認が必要なポイントになります。

2　技術輸出入管理条例における完全性、非侵害の保証責任

　日本企業が中国国内の企業に対して技術をライセンスする場合、ライセンス技術の内容、使用地域、第三者にサブライセンス可能かといった点を契約書で規定して、技術の使用を許す点では日本国内のライセンスとあまり差異はありません。しかし、管理条例ではライセンシーである中国国内の企業を保護するための様々な規定を定めており、その中でも、完全性の保証責任と非侵害の保証責任はライセンサーにとって重い負担であり、日本企業がライセンサーになる場合、必ずと言っていいほど検討課題として挙がります。

　完全性の保証責任とは、技術をライセンスする側（ライセンサー）が、ライセンスを受ける側（ライセンシー）に対して、「技術の完全性」を保証しなければならないというものです。何をもって「完全」と考えるか決めにくく、また、

この保証責任規定は契約当事者の合意で排除できないので、日本企業に限らず外国のライセンサーを悩ませるところですが、一般的には、契約書の中で様々な条件づけや限定を加えることで保証責任の軽減を図ります。

次に、非侵害の保証責任とは、ライセンスする技術が他の第三者の権利（特に知的財産権）を侵害しないことをライセンサーに対して保証させるものです。以前は、管理条例の規定ぶりから契約当事者間の合意で排除できないと考えられていましたが、2019 年の法改正により、管理条例の非侵害の保証責任規定は削除され、中国民法に吸収統一された結果、契約当事者間で合意すれば非侵害の保証責任を排除することができるようになりました。そのため、日本企業が中国の企業に自社技術をライセンスする際、非侵害の保証責任を排除する規定を設けることは必須といえます。

3　ライセンスフィーの設定・回収

中国の企業に自社技術をライセンスする場合、技術使用料（いわゆるライセンスフィー）をどのように設定、回収するかも重要なポイントになります。

ライセンスフィーの設定方法については、中国の法令上、特段の規制や制限はありませんので、一括固定金額の支払、定期的な固定金額の支払、売上の一定割合の支払など様々です。ただ、中国の企業がライセンシーの場合、その技術を使って製品販売又はサービス提供することが多いため、日本企業としては、初回だけ一定のイニシャルフィーを支払ってもらい、その後は売上の一定割合を支払う形式が比較的多いといえます。

次に、ライセンスフィーを送金してもらうときは銀行経由で海外送金をしてもらうことになりますが、銀行でライセンス契約の許可証書又は登録証書の提示を求められることがあり、その際に証書を提示しなければ送金が認められません。この許可又は登録証書は、上記 **1** で説明した②制限技術に関する許可証書、③自由技術に関する登録証書です。例えば③自由技術に関する登録証書については、同管理条例上は契約締結後に登録することが義務づけられており、2013 年以前は海外送金のための必要申請資料とされていたため、技術ライセ

ンスに伴うロイヤリティフィーの送金には必ず必要な手続、資料と考えられていました。もっとも、2013年の法改正で申請に必要な資料から除外され、同登録証書がなくても送金できるようになったため、外国企業の中には、技術ライセンス契約を締結した後で当該登録をしないケースも出てきました。しかし、地方の銀行で送金手続をする際には提出を求められるケースがあり、また、同管理条例上は、依然として契約締結後の登録を義務づけているため、技術ライセンス契約を締結する場合には、締結後の契約登録についても考慮しておく必要があります。

Q29 中国の輸出管理制度

中国における輸出管理はどのように行われていますか。また、反外国制裁法について教えてください。

A

近時の中国では、安全保障の観点からの輸出管理規制が強化されています。また、米中貿易摩擦を背景とする米国の貿易規制への対抗策として反外国制裁法といった特定の国の政策を意識した立法もされています。

解説

1 中国の貿易管理制度

(1) 一般貿易管理制度

中国の貿易管理制度は、大きく一般的な貨物や技術の対外貿易の促進と発展を目的とした一般貿易管理制度と、国家の安全及び利益の保護を目的とした安全保障貿易管理制度に分かれます。

一般貿易管理制度は、輸出入される貨物と技術ごとに、その性質に応じて禁止類、制限類、自由類に分類されます。禁止類及び制限類に属する貨物と技術については、所管行政部門が該当する品目のリストを公表しており、貨物に関しては2023年6月に輸出入禁止貨物リストが更新されており、技術に関しても2023年12月に輸出入禁止制限技術リストが更新されています。

そのため、輸出入事業者は、まず自社で取り扱う貨物や技術が禁止・制限リストに記載された貨物又は技術に該当しないかを確認する必要があります。もしリストに該当しない場合には、自由貨物と自由技術に分類されますので、所管行政部門による審査許可を経ずに貨物や技術の輸出入を行えることになりま

す。

　一般貿易管理制度の下で禁止又は制限される貨物や技術については、これまでは中国の経済発展、環境保護や国際条約の義務の履行等のために禁止又は制限する傾向にありましたが、2023 年 12 月の輸出入禁止制限技術リストでは、レアアース製造技術が輸出禁止技術に追加されるなど、中国が掲げる資源戦略の視点からリストを編成する動きも見られます。

（2）　安全保障貿易管理制度

　これまでの中国では、軍用品や一部の生物両用品[2] について国務院による個別の行政法規を通じて規制されており、法律に基づく体系的な規制はされていませんでした。しかし、国家の安全を重視する政権の意向と米国との間で激化する貿易摩擦を背景に、中国独自の安全保障観に基づく立法化の必要が議論されるようになり、2020 年 10 月に国家の安全及び利益の保護を目的とする輸出規制法が制定されました。

　輸出規制法では、その目的が国家の安全及び利益の保護であることを第 1 条で明確にした上で、両用品、軍需品、核物質等に関する物品、技術、サービス等の品目（いわゆる「管制品目」）の輸出行為に対して、リスト規制とキャッチオール規制を通じて輸出管理を行っています。

　①　リスト規制

　　リスト規制は、所管行政部門が中国の輸出管理政策に基づき作成した管制品目に関する規制リストであり、2023 年 11 月に公布された「両用品目及び技術輸出許可証管理リスト」が直近のリストになります。

　　規制リストの管制品目への該当性の判断にあたっては、まずはリストに記載された HS コードにより判断することになり、所管行政部門のホームページでは輸出事業者自身で製品名やキーワード検索で規制リストへの該当性を

2　「両用品」とは、民事用途も軍事用途もあり、又は軍事的潜在力の引き上げに役立つ、特に大量破壊兵器及びその運搬手段の設計、開発、生産又は使用に用いることができる物品、技術及びサービスをいいます（輸出管制法第 2 条）。

確認することもできます。次に、輸出事業者は所管行政部門に対して問い合わせをすることもできますが、輸出管制法では、所管行政部門に対して遅滞なく回答することを義務づけており、行政当局への問い合わせを通じて判断することもできます。

　リスト規制の管理規制品目に該当する場合には、輸出事業者は、中国国外への輸出に先立って所管行政部門の輸出許可を得なければなりません。その際には、輸出先のエンドユーザー及びその最終用途に関する証明書を提出しなければなりません。

② 　キャッチオール規制

　キャッチオール規制は、リスト規制に該当する管制品目以外の貨物、技術及びサービスについて、輸出事業者が下記 i ）〜iii）に関するリスクが存在する恐れがあることを知り、若しくは知りうべきである場合、又は下記 i ）〜iii）に関するリスクが存在する恐れがあることにつき国の所管行政部門から通知を受けた場合、輸出に先立ち国の所管行政部門に申請して輸出許可を経なければなりません。

　　 i ）　国の安全及び利益が脅かされること
　　 ii ）　大量破壊兵器及びその運搬手段の設計、開発、製造又は使用に用いられること
　　 iii ）　テロリズムの目的に用いられること

　キャッチオール規制への該当性の判断については、現時点では、日本における用途や取引先に基づく確認といった上記 i ）〜iii）を具体的に判断するための基準や条件等が明確にされていません。そのため、現状では、輸出事業者は製品の性質等に応じて個別に所管行政部門に問い合わせる等の手段を通じて該当性を判断せざるを得ません。

◆中国の輸出管理制度の概要

	一般貿易管理	安全保障貿易管理
貨物	適用法令： 貨物輸出入管理条例 管理方法： 禁止、制限、自由貨物の分類管理	適用法令： 輸出管制法 管理方法： ① 管制品目リストによる輸出許可制 ② ①に該当しない場合、特定目的の恐れ又は認識に基づくキャッチオール規制
技術	適用法令： 技術輸出入管理条例 管理方法： 禁止、制限、自由技術の分類管理	

2 反外国制裁法について

　中国への赴任者にとって、少し怖い印象を受ける名称の法律の一つとして反外国制裁法があります。この法律はわずか16条しかありませんが、米中摩擦によって生まれた最も象徴的な法律といえます。2019年頃、中国のウイグル自治区での人権問題を巡って米国等の西側諸国から同自治区の行政担当者等に対して制裁措置が発動されました。これに対し、中国は、それらの制裁措置を発動した米国等の行政担当者に対して入国拒否等の対抗措置を講じました。しかし、当時、中国国内には外国からの制裁への対抗措置として入国拒否等を行うための法律上の根拠がない状態でした。そのため、2021年6月に、法律としての反外国制裁法が制定され、その第3条において、外国国家が様々な理由や自国の法律を根拠に中国に抑圧的措置を講じ、中国の公民や組織に対して差別的規制措置や内政干渉を行った場合には、報復措置を採る権利を有する旨を明記することにより、米国等への対抗措置について中国国内での法的根拠が付与されたのです。

　同法では、外国国家の差別的措置に「直接又は間接的に」関与した個人、組織を報復措置リストに掲載し、その個人や組織との取引を禁止する等の報復措置を採ることが認められます（反外国制裁法4条～6条）。また「いかなる組織・個人も全て」、外国国家が中国の公民や組織に採った差別的措置への協力を禁

止しており、例えば、米国の制裁措置を受けて日本企業が中国企業との取引を取りやめた場合も「差別的措置への協力」に該当する可能性もないとは言い切れません。

　反外国制裁法の適用を巡っては、2022 年 2 月に米国の民間軍需企業に対して対抗措置を講じた際には制裁内容を明らかにしない一方、2022 年 12 月に米国議会の中国委員会副主任など 2 名に発動された際には、同法第 4 条及び 6 条に基づく中国での資産凍結や中国での取引禁止等非常に具体的に対抗措置の内容を開示しており、一定の強弱をつけていることがわかります。

　もっとも、中国の法運用が変更されやすいことや米中摩擦の影響を受ける日本企業も多いことから、中国赴任者の間で反外国制裁法に関する理解を深めておく意味はとても大きいと思います。

Q30 中国のデータ規制

中国では、近年、情報に関する規制が厳しくなったと聞きました。特に個人情報保護法について、親会社との情報の共有の際に気をつける必要があると聞きましたが、具体的にどのような点に気を付ければよいでしょうか。

A

中国では、個人情報保護法、サイバーセキュリティ法及びデータ安全法が制定されており、近年急速に具体的な法制度が整えられつつあります。個人情報の越境移転にあたっては、個人に対して告知した後その同意を得ることが必要となります。また、越境移転を行う際に法律の定める条件を満たす場合、標準契約の締結や安全評価が必要になります。

解説

1 データ関連三法の概要

個人情報保護法は、2020年8月20日に可決・公布され、同年11月1日から施行されています。2017年6月1日から施行されているサイバーセキュリティ法及び2021年9月1日から施行されているデータ安全法と並んでデータ関連三法と呼ばれています。

2 個人情報保護法

個人情報保護法の対象となる個人情報とは、電子的又はその他の方法で記録され、既に識別された又は識別可能な自然人に関する情報をいうが、匿名化処理された後の情報は含まれないとされています（個人情報保護法4条1項）。なお

匿名化は単に個人を特定できなくするということだけではなく、復元できなくなるようにする必要があります（同法 73 条 4 項）。

このような個人情報の処理をする場合には、一部の例外を除いて、原則として個人の同意を得なければなりません（同法 13 条）。個人情報の処理には、個人情報の収集、保存、使用、加工、伝送、提供、公開等の活動が含まれるとされています（同法 4 条 2 項）。

また、個人情報の中には、センシティブ個人情報と呼ばれる情報があり、センシティブ個人情報を取り扱う場合にはより重い義務や責任が課せられることになります。センシティブ個人情報とは、ひとたび漏洩し又は不法に使用されれば、自然人の人格の尊厳の侵害を引き起こしやすい、又は人身、財産の安全が損なわれやすい個人情報をいい、生物識別、宗教信仰、特定の身分、医療健康、金融口座、行動履歴等の情報及び 14 歳未満の未成年者の個人情報が含まれるとされています（同法 28 条）。日本の要配慮個人情報に似た言葉ですが、中国のセンシティブ個人情報は、個人の財産情報などを含むため範囲が広くなっています。

◆センシティブ個人情報と要配慮個人情報

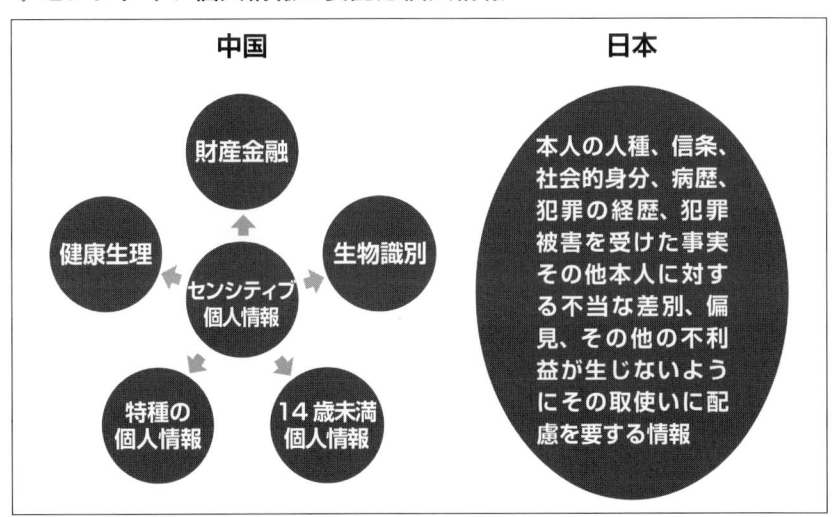

3　サイバーセキュリティ法

　サイバーセキュリティ法は、ネットワークの安全を保障するため、データ関連三法の中では一番早い 2017 年から施行されている法律です。

　ネットワークの所有者及び管理者並びにネットワークサービスの提供者はネットワーク運営者（サイバーセキュリティ法 76 条 3 項）として責任を負うことになり、およそホームページを作成している会社などは全てこれに該当することになります。ネットワーク運営者は、等級別保護制度、安全認証、緊急対応等、21 条以下に規定される義務を遵守する必要があります。また、公共通信、情報サービス、エネルギー、交通、水利などの重要情報インフラの運営者は情報ネットワーク運営者よりも重い責任が課せられることになります。

4　データ安全法

　データ安全法は、2021 年 9 月から施行されている、中国国内におけるデータの取扱いを包括的に規制する法律です。データを取り扱う事業者や組織、個人であれば全てこの法律が適用されるため、現在の中国では全ての日本企業に適用されると言わざるを得ません。

　データ安全法は、その実施細則等が具体化されておらず、現時点での対応が難しいものの、データを核心データ、重要データ、一般データに区別し、その等級に応じて管理の内容を区別している点が特徴的であり、特に重要データがどの範囲、どの内容を指すのかについて、各企業の注目が集まっています。

プラスα　個人情報の越境規制

　2023 年以降、日本企業の間で中国における個人情報の越境移転規制が注目されています。個人情報の越境移転規制とは、個人情報を中国国外に越境移転させる場合に、越境する側（例えば、中国現地法人）は、越境移転に関する所管行政部門の安全評価審査を受けるか、専門機構の認証を受けるか、又は中国国外の情報受領者との間で標準契約を締結することを要

求するものです。大多数の日系企業は、越境側と受領側の間で標準契約を締結する選択肢を採ることができます。もっとも、法律上は、標準契約の締結に加えて、越境側と受領側の個人情報の取扱体制を評価した報告書を作成して行政部門に届出をすることが必要になります。ただし、この締結及び届出義務に関しては、2024 年 3 月 22 日に「データの越境流動促進と規範規定」が公布、施行され、個人情報の越境移転に関する標準契約の締結・届出義務のハードルが大幅に引き下げられました。

　日中の親子会社間で個人情報を共有することが多い日本企業にとっては朗報といえます。

◆ 越境移転のイメージ

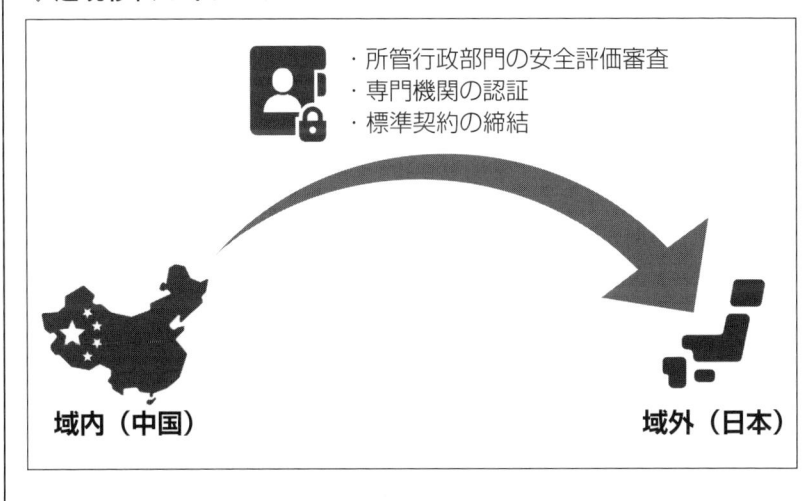

・所管行政部門の安全評価審査
・専門機関の認証
・標準契約の締結

域内（中国）　　　　　域外（日本）

Q31 反スパイ法の概要と注意点

2023 年 7 月に反スパイ法が改正されたと聞きましたが、どのような点が変わったのでしょうか。また何か具体的に気をつけるべきことはありますか。

A

　反スパイ法は 2014 年から施行されていましたが、2023 年 7 月 1 日から改正法が施行されています。主な改正点は、①「スパイ活動」の定義の改正、②スパイ調査の方法の多様化・権限拡大、③法的責任の多様化です。過度に恐れて萎縮する必要はありませんが、中国当局から疑わしいと思われる行動は避ける必要があります。

解　説

1　概要

　中華人民共和国反スパイ法は 2014 年から施行されていましたが、2023 年 4 月 26 日に改正法が公布され、同年 7 月 1 日から施行されています。今回の主な改正点は以下のとおりです。

2　「スパイ活動」の定義の改正

　今回の改正により、スパイ活動について定義する第 4 条に新たに追加された箇所があります（旧反スパイ法では第 38 条に規定されていました）。具体的には以下の下線部分です。

　①スパイ組織に参加し、若しくはスパイ組織又はその代理人の任務を引き受けること、又はスパイ組織又はその代理人に頼る行為、②スパイ組織又はその

代理人以外のその他の域外機構や組織又は個人が実施し、若しくはこれに資金援助して実施させ、又は域内機構や組織又は個人と当該域外機構、組織又は個人とが互いに結託して実施する、国家秘密、情報及びその他国家の安全と利益に関わる文書、データ、資料又は物品を窃取、偵察又は買取し、不法提供する行為並びに国家公務員を策動し、誘引し、脅迫し、又は国家公務員に対して贈賄して裏切らせる活動、③スパイ組織又はその代理人が実施し、若しくは他人を指示し、これに資金援助して実施させ、又はスパイ組織、その代理人若しくは域内外の機構、組織、個人が結託して、国家機関、機密に関わる機関又は重要な情報インフラ等に対するサイバー攻撃、侵入、妨害、制御若しくは破壊活動を実行する活動です。

　追加された文言の中には、例えば「国家の安全と利益に関わる」といった一義的に判断できない曖昧な内容が含まれており、恣意的に運用されれば、「スパイ活動」に当たるとして拘束されるのではないかとの不安が広がっています。

3　スパイ調査の方法の多様化・権限拡大

　スパイ防止に関する業務の主管機関は国家安全機関になりますが、同機関に対し、データへのアクセス、取得、召喚、財産情報の照会、出入国禁止などの職権が追加され、スパイ調査の方法が多様化し、権限が拡大されました。さらにサイバーセキュリティのリスクが発見された場合の通知・処分の措置が追加され、国家機密・情報の該当性及びその危害に対する評価・査定体制が新設されています。

4　法的責任の多様化

　個人によるスパイ行為が犯罪を構成しない軽微な違反であるような場合に、個人に対して罰金や拘留等の行政処罰に処すことができる旨が追加され、国家機関や企業による同法義務の不履行に対して事情聴取、訓戒、許可書の一時的な差押又は取消などの職権行使も増えています。さらに、他人のスパイ行為を手助けした場合の法的責任が明確に規定されています。

5　駐在員が避けるべき行為

　中国に滞在する駐在員が、自らスパイ組織に近づくということは想定しにくいかもしれませんが、知らない間にスパイ組織に加担しているのではと疑われる可能性はゼロではありません。反スパイ法で拘束されることのないよう注意すべき点は以下のとおりだと考えます。過度に恐れて萎縮する必要はないと思いますが、中国当局から疑わしいと思われるような行動は可能な限り避ける方がよいと思われます。

---

① 　国家機密に関係するような施設（軍事施設を含む）に近づかない、撮影しない。
② 　SNS や人前での体制批判的な発言を控える。
③ 　日本で公開されている情報を、中国の SNS で引用・公開したり、政府関係者との話題にしたりすることを控える。
④ 　政府関係者や国有企業とのコミュニケーションではできるだけ国家秘密や重要情報を聞かないよう気を付けつつ、仮に知ってしまった場合でもみだりに日本に報告しない。

　まず①について、例えば、軍港近くの海岸沿いの見晴らしの良い場所で写真を撮ろうとしたところ、軍港が写真に写ってしまったというケースがあります。通常そのような場所には係員がいて軍港の方向の写真を撮らないよう注意してくるのですが、中国語がわからなかったり、係員が気づかないうちに写真を撮ってしまったりする可能性もありますので注意が必要です。

　次に②の SNS については、個人とのやり取りも含め、中国政府は全て検索可能だということを肝に銘じていただき、NG ワードを使わないことが重要です。NG ワードを使用したからといってそれだけで捕まることはないと思いますが、仮に当局からマークされると今後の言動を厳しくチェックされるようになると考えられます。

　③について、中国は厳しい情報統制が行われておりますので、日本で公開されている情報だからといって中国で既に公開されているとは限りません。特に北朝鮮やロシアなどの情報は日本と中国では大きく異なりますので、中国でみ

だりに公開したり話したりしないよう注意する必要があります。

　最後に④について、中国は国家秘密や重要情報を海外に移転することを厳しく取り締まっています。普通に生活している限りそのような情報に接する機会は少ないのですが、会社によっては、例えば、中国が力を入れているレアアースや半導体といった産業に従事しており、政府関係者や中国の専門家等から、中国政府が海外に持ち出してほしくないと考えている情報を入手する機会があるかもしれません。その場合には、海外に持ち出さないよう気をつけるとともに、疑われるような記録が残らないよう注意する必要があります。

Q32 再編・撤退の方法

中国の業績が芳しくないことから、撤退するべきかどうか考えています。どのような方法がありますか。

A

中国事業から完全に撤退するのか、あるいは再編するのかで採り得る方法は大きく異なります。事業再編の場合には、合併、分割、事業譲渡又は管理性公司による管理等の方法があります。他方撤退の場合には、持分譲渡、解散清算又は破産という方法があります。

解　説

1　再編か撤退か

日本本社が中国子会社の業績を判断する場合、中国子会社の事業全体をひとくくりにして見ることが多いのではないかと思われます。中国子会社が最終的に赤字であり改善の見込みがなければ撤退、黒字である若しくは赤字幅が少なく改善の見込みがあるということであれば現状維持という判断になる傾向にあると思われます。

しかし、中国子会社が複数の事業を営んでいる場合に、事業ごとにその収益性は異なり、一部の事業だけが赤字であるという場合もあると思います。そのような場合に黒字化できている事業もまとめて撤退ということになると、会社全体として見た場合にかえって損失につながるというケースもあります。

そこで現状維持とも撤退とも異なる事業再編という選択肢を考慮に入れる必要があります。

2　事業再編に採り得る手法

　既に中国に進出している日系企業の中には、中国子会社を複数有している場合と、1 社だけ有している場合の 2 通りがあると思います。

　中国子会社を複数有している場合で、それぞれの子会社のビジネスが成功しているものの管理費用を抑えたいという場合が考えられます。そのような場合、①合併や②管理性公司の活用といった方法が考えられます。

　まず、①合併とは、2 社以上の会社を合併して 1 つの会社にすることをいいますが、管理部門が統合されることにより管理コストが削減される他、複数の事業が 1 つの会社で行われることになりシナジー効果が期待できる場合があるとされています。

　次に、②管理性公司とは、中国に複数の中国子会社を有する場合に、中国国内の子会社を事業ごとに統括して管理する会社をいいます。管理性公司により、管理コストを削減できる他、中国事業を一体として俯瞰することができ、より効率的に運営できるというメリットがあるとされています。

　他方中国子会社が 1 社しかないものの、その中国子会社が複数の事業を営んでおり一部の事業のみが赤字であるような場合、優良事業と不良事業とに分ける方法があります。具体的には、①会社分割、②事業譲渡といった方法が考えられます。

　まず、①会社分割とは、1 つの会社を複数の会社に分割することをいいます。これにより事業ごとに切り分けることが可能となります。中国法上の会社分割には存続分割と解散分割の 2 つがあります。すなわち 1 つの会社が 2 つ以上の会社に分割され、元の会社も継続して存続する存続分割と、1 つの会社が 2 つ以上の会社に分割され、元の会社が解散し 2 つ以上の新しい会社が設立される解散分割であります。日本法における吸収分割のような制度はありません。

　次に、②事業譲渡とは、事業全体（資産、契約、労働者、債権債務等）を一括して譲渡することをいいます。中国には日本法上の事業譲渡のような概念がありません。しかし事業に関連する資産を譲渡し、労働者を移籍させ、契約関係を巻きなおすことにより、事業譲渡を同じ効果を生じさせることが可能となりま

す。

　複数の中国子会社を有する場合であっても、その一部の中国子会社について
これらの方法を採ることはもちろん可能です。

3　完全撤退の場合に採り得る手法

　完全に中国から撤退する方法には、①持分譲渡、②解散・清算及び③破産と
いう3つの方法があります。

　まず、①持分譲渡とは、日本本社が有する中国子会社の持分を他者に譲渡す
る方法です。手続的に最も簡便であり時間も要しない点でメリットがある反
面、持分の譲受人を探さなければならないというデメリットがあります。

　次に、②解散・清算とは、中国子会社の解散を決議した上で、手続に従って
清算を行うことにより、最終的に親会社が残余財産の分配を受ける方法です。
この方法は資産の方が負債よりも多い場合でなければ採ることができません。
貸借対照表上は資産の方が負債よりも多い場合でも、清算する場合には、労働
者への経済補償金の支払や、資産の価値が実際には簿価ほどないという場合も
あり、あらかじめ清算手続が最後まで遂行できるかどうか確認しておくことが
重要となります。

　最後に、③破産とは、裁判所に中国子会社の破産を申し立て、裁判所から選
任された管財人が破産会社の資産を換価して債務者に対して公平に弁済するこ
とにより、最終的には中国子会社の法人格を抹消する方法です。以前は外商投
資企業が破産することは認められにくかったのですが、最近では外商投資企業
の破産事例も増えています。もっとも中国子会社が破産したというレピュテー
ションリスクは残ることとなります。

◆ 再編・撤退の方法

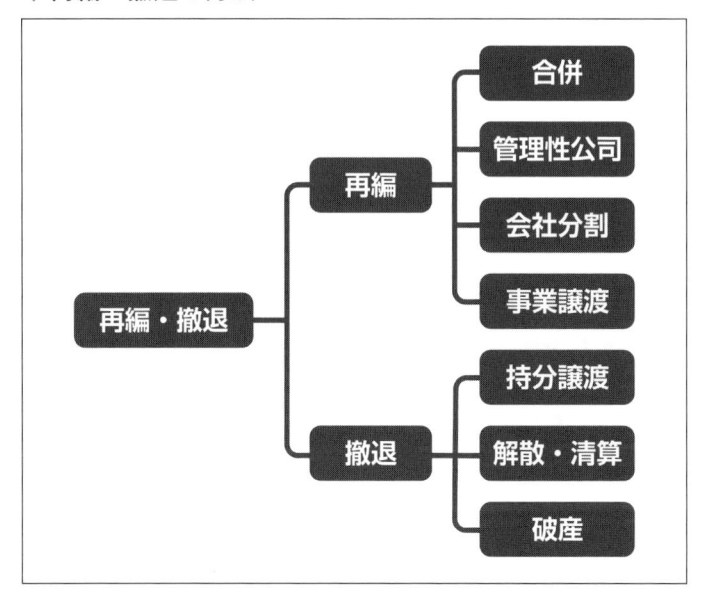

Q33 清算・破産の概要

中国から撤退するにあたり、清算するか、破産するかを検討しています。中国における清算や破産の概要について教えてください。

A

中国では、資産が負債よりも多く、全ての債務を支払うことができる場合には清算手続が可能です。他方で債務超過になっている場合には、破産手続によることになります。ただし、BS 上の資産が負債より多い場合であっても、実際には資産価値が毀損している場合があるため、清算が可能かどうかあらかじめシミュレーションしておく必要があります。

解 説

1 清算手続の概要

中国における解散・清算手続の流れは以下のとおりです。

まず会社法 229 条の解散事由に基づき解散決議を行います。仮に合弁会社で、会社を解散するかどうか株主間の意見がまとまらないような場合、「会社の経営管理に著しい困難が発生し、引き続き存続すると株主の利益に重大な損失を被らせるおそれがあり、その他の方法によっても解決することができない場合には、会社の 10 ％以上の議決権を有する株主は、人民法院に対し会社の解散を請求することができる」(会社法 231 条) とされています。

解散決議を行い、清算手続が開始された場合、清算組を組成することとなります。清算組は、董事により構成されますが、会社定款に別段の定めのある場合又は株主会が他の者を別途選定する決議をした場合はこの限りではありません (同法 232 条 2 項)。

　なお、清算を進めなければならないにもかかわらず会社が清算を開始しない場合、債権者などの利害関係人が清算を申し立てる制度もあります（同法 233 条）。

　清算組は、成立の日から 10 日以内に債権者に通知し、かつ 60 日以内に新聞上で又は国家企業信用情報公示システムにおいて公告を行う必要があります。債権者は通知を受領した日から 30 日以内、通知を受領していない場合は公告の日から 45 日以内に、清算組に債権届出を行わなければなりません（同法 235 条 1 項）。清算組は会社財産を換価処分するとともに、貸借対照表及び財産明細表を作成し、清算案を作成し、株主会又は人民法院に確認を求めます（新会社法 236 条 1 項）。清算費用、従業員の賃金、社会保険料及び法定の補償金を支払い、清算の過程で確定した企業所得税やその他の税金を支払い、税務登記を抹消します。その後、工商局での登記抹消が終了し、残余財産があれば、出資者である親会社に送金を行い、現地法人の銀行口座を閉鎖すれば、清算手続は終了となります。

◆ 清算手続の流れ

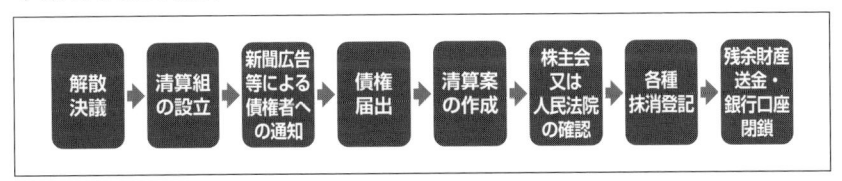

2　解散・清算手続を行うにあたっての留意点

　解散・清算手続における最大の難所は、税務抹消手続のフェーズです。中国の税務当局からすると、外商投資企業から税金を取ることができる最後のチャンスになります。したがって税務局から、過去の経営において税務上問題となる処理がないかどうか調査されることになります。税務調査の結果、実際に追徴課税がなされるかどうか、なされたとしてどの程度の追徴が必要となるかはケースバイケースですが、追徴課税された税金を支払うことができず清算でき

ないという事態に陥らないよう、清算を行う前に税務 DD を行い、十分な資金を確保してから清算手続に入ることもあります。

　また、中国では地域によって、当局から必要書類や書式等に関して特別な指導を受ける場合があります。そのため清算を開始するにあたっては、あらかじめ市場監督管理局に対し、必要書類や書式等について確認をしておくことが望ましいです。日本の親会社が署名・押印しなければならない株主会決議等もあり、当局に指摘を受けてから改めて作成するとなると時間と手間を要する場合があります。

3　破産手続の概要

　中国における破産手続の流れは以下のとおりです。

　まず、人民法院に対して破産申立を行います。債務者が期限の到来した債務を弁済できない場合、又は資産が全ての債務を弁済するのに不足する場合には、破産申立が可能とされています。中国では債務者自身による破産申立はもちろん、債権者による破産申立が日本に比べると簡便であるため利用されることが多いです。

　次に、破産申立を受けた人民法院は受理するかを決定することになります。中国では必要書類が揃っているかといった形式的要件の他、破産手続開始要件を満たすか、労働関係を適切に処理したか、若しくは処理できる見込みかどうかといった実質的な判断を行うため、なかなか受理してもらうことができません。

　無事に受理されると破産管財人が選任されることになりますが、近時は破産案件が増加しているため、なかなか破産管財人が選任されないことも多いです。その後、債権者からの債権届出、債権調査を経て債権者集会が開催され、その後の破産財団の換価等を経て、再度債権者会議が開催され配当案が決議されることになります。配当案に従った弁済を行った後、破産手続の終結決定がなされ、工商局において抹消登記がなされることになります。

◆ 破産手続の流れ

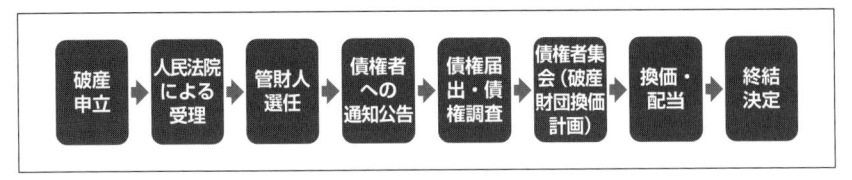

破産申立 → 人民法院による受理 → 管財人選任 → 債権者への通知公告 → 債権届出・債権調査 → 債権者集会（破産財団換価計画） → 換価・配当 → 終結決定

4　破産手続を行うにあたっての留意点

　人民法院に破産申立が受理されるかどうかにおいて、実務上、労働債務を支払うことができるかが大きな判断基準となっています。具体的には労働者に対する未払給与や経済補償金等を支払ったかどうか、若しくは支払う見込みがある形で合意をしていることが重要となります。労働者が合意すれば労働債務の一部を支払うだけで合意できる場合もありますが、なかなか合意に応じてくれないことが多いです。労働債務の支払の目途がつかない場合には破産すらできない（事実上放置せざるを得ない）のが現状です。したがって破産を考える場合には、少なくとも労働債務をある程度支払うことができる余裕のあるうちに、検討を開始することが重要です。

　また、企業破産法 10 条によれば、人民法院は、原則として破産申立を受領してから 10 日以内に受理の是非を裁定しなければならないとされていますが、近時は破産案件が増加していることから、申立から相当時間を経過しなければ受理されないという案件もあります。したがって、破産を選択する場合には、申立から破産手続が開始するまでかなりの長期間を要することを念頭に置いておく必要があります。

税務編

$\mathbf{Q}1$ 中国の主な税金

中国の主要な税金はどういったものでしょうか？　日本と大きく異なるのでしょうか？　主要な税金とその特徴、税率について教えてください。

A

中国の税金は、企業所得税、個人所得税、増値税が主要な税目です。相続税はありませんが、それ以外は日本の主要税金とある程度似通った性質を持っており、全く異なるということはありません。具体的には、企業所得税＝日本の法人税、個人所得税＝日本の所得税、増値税＝日本の消費税ということができます。

主要な特徴としては、企業所得税は、日本と同様、会計上の利益を調整して課税所得を計算する点、個人所得税は毎月源泉徴収して年度で精算する点、増値税は消費税のような付加価値税であるが発票と呼ばれるインボイスが重要である点が特徴です。税率は企業所得税が 25 ％（ただし、要件を満たせば優遇税率等あり）、個人所得税が累進課税で給与所得は 3 ％〜45 ％、増値税は複数税率で主に物品販売が 13 ％、サービスが 6 ％等となっています。

解 説

中国の主要税金は日本の税金と似通った特徴を持っており、意外に日本の税務専門家にもある程度なじみやすいものです。

◆イメージ図

日本の税目	中国の税目	日本との共通点	日本との相違点
法人税	企業所得税	会計上の利益に税務調整をして課税所得を算出。	国税のみ。税率は日本より低い。税務調整項目は日本より多く、発票重視。
所得税	個人所得税	累進課税、毎月源泉徴収、所得控除等あり。	実質毎月年末調整。
消費税	増値税	売上増値税－仕入増値税の差額を納税。	発票が必須。複数税率の種類が多い。
相続税	なし	民法の法定相続人は日本と似通っている部分もある。	第一順位の法定相続人に直系尊属が入り、法定相続分も異なる。

　各税法の詳細は以下のとおりです。

1　企業所得税

　法人の税務上の利益に対して課税される税金で、日本の法人税と似た税金となっています。税額の計算方法も日本と似ており、会計上の利益に課税所得調整をして税務上の課税所得を計算し、企業所得税額を算出する計算方法となっています。また、調整項目も交際費の損金不算入など、日本と同じ考え方に基づく調整もあります。申告は四半期ごとの四半期最終日の翌月 15 日までの予定納税申告と、翌年 5 月末日までの確定申告を行う必要があります。

◆税率表

項目	税率
通常税率	25 %
小規模低利益企業	20 %（課税所得に 25 %を乗じて税率をかけるため、実質 5 %）
技術先進企業（ハイテク企業）優遇税率	15 %

2 個人所得税

個人の所得に対して課税される税金で、日本の所得税に似た税金となっています。所得を性質別に5種類の所得に分類し、全て分離課税で累進課税による税率が適用されます。企業には源泉徴収義務があり、毎月源泉徴収をして、毎月正しい額を計算（各個人の控除額も月割で計算します）して源泉徴収、必要な者は翌年3月1日〜6月30日までに確定申告を行います。

◆ 税率表（年額）／居住者の場合

段階	税込み年間給与 （費用控除後）		税率	速算控除
1	36,000 元以下		3 %	0 元
2	36,000 元超	144,000 元以下	10 %	2,520 元
3	144,000 元超	300,0000 元以下	20 %	16,920 元
4	300,000 元超	420,000 元以下	25 %	31,920 元
5	420,000 元超	660,000 元以下	30 %	52,920 元
6	660,000 元超	960,000 元以下	35 %	85,920 元
7	960,000 元超		45 %	181,920 元

上記のとおり、日本同様累進課税税率です。所得控除後の課税所得に税率を乗じ、速算控除額を控除することにより税額を算出します。

3 増値税

取引に対して課税される付加価値税で、売上で受け取った増値税から支払った増値税の差額を納税するという日本の消費税に似た税金になっています。日本よりも種類の多い複数税率が古くから採用されており、現在では主に物品販売が13 %、サービスが6 %で、輸出免税、増値税還付といった制度もあります。

システム的には発票という税務当局が管理する厳格な税務インボイス制度になっているのが大きな特徴で、発票があるかないかで大きな差があり、実務的

には発票がなければ経費にすることはあまりありません（企業所得税法上、損金不算入となり、増値税の仕入税額控除もできないため）。この発票制度は会計実務にも大きな影響を与えています。また、申告頻度は毎月で、翌月 15 日までに申告する必要があります。

◆ 主な税率表

項目	税率
一般物品の販売、有形動産のリース、輸入	13％
交通運輸、郵便、電信、建築、不動産賃貸、不動産販売、土地使用権販売	9％
物品輸出	0％
加工、修理役務の提供	13％
現代サービス業	6％

　上記のとおり、日本よりも種類の多い取引内容に応じた複数税率課税方式となっています。また、業種ごとに発票の種類も異なる場合があります。

　なお、中国では増値税については税抜き会計処理を採用しており、日本でいう「仮払消費税」、「仮受消費税」の科目は、負債の「未納税金」の科目に計上され、「仮払」「仮受」の違いは 2 級科目（補助科目に相当するもの）以下を使いわけて表示されます。すなわち、「仮払消費税」は負債のマイナスで表現されるということになります。

4　相続税（なし）

　中国には現在のところ相続税はありませんが、民法上の相続の概念は似通った部分はあります。一方で法定相続人や、法定相続分は異なる部分もあります（第一順位に直系尊属、配偶者以外の相続人も配偶者と同等の相続分など）。

	法定相続人 （民法典 1127 条）	法定相続分 （民法典 1130 条 1 項）
第1順位	配偶者、子、父母	相続人で均等
第2順位	兄弟姉妹、祖父母、外祖父母	

　上記のとおり、同一順位は均等相続とされています。ゆえに、第一順位で相続される場合に、子が2人いれば、法定相続分は配偶者と子2人で、それぞれ3分の1ずつになることとなり、配偶者は必ず2分の1で残り2分の1を子で均等按分するという日本の法定相続分と異なっています。

5　まとめ

　上記の中国の主要税金の納税時期と税率をまとめると以下のとおりです。

◆イメージ図

	企業所得税	個人所得税	増値税	相続税・贈与税
納税時期	①予定納税四半期最終月の翌月15日までに申告手続 ②翌年5月末までに確定申告手続	①毎月源泉徴収翌月15日までに申告納税 ②翌年3月1日～6月30日までに確定申告	毎月翌月15日までに申告納税 （小規模納税人は四半期の場合も）	なし
税率	25％	3％～45％ （給与所得）	物品販売13％、サービス6％等	なし

プラスα　税務の全体像

―企業所得税は意外と低税率、個人所得税は最近まで外国人が中心、増値税の圧倒的重要性―

上記のとおりですので、日本の税法の対応てみると、

・企業所得税＝法人税

・個人所得税＝所得税

・増値税＝消費税

という関係になります。しかしながら、実務の体感としては異なっている部分もあり、例えば企業所得税は、計算方法は日本と似ているものの、低税率です。

また、個人所得税は、中国国籍者については、高額所得者を除けば給与に比して控除額が高いため、日本ほど税負担が高い印象はありません。ゆえに、かつては、いわば外国人向けの税金という意味合いも強い税金でした。

増値税は、消費税に似た付加価値税ですが、税務インボイスである発票が税務局に管理されていることから、日本の消費税よりはるかに厳格な管理が要求されており、中国人ローカルスタッフは税務について、増値税発票を軸に考えている感もあります。

基礎的な部分を押さえた後は、上記のような実情も踏まえていくとより中国の税務実務が臨場感を持って見えてくる部分もあるのではないでしょうか。

Q2 企業所得税

◇ 中国の企業所得税は日本の法人税のようなものと理解しました。中国の企業所得税の特徴、日本との主な共通点、相違点や注意点などについて教えてください。

A

中国の企業所得税は、法人の利益に対して課される税金であり、日本の法人税に似た税金です。日本の法人税との共通点は、法人が作成した会計上の決算書を別表調整して課税所得を算出し、それに対して税率をかける点です。

相違点としては、①損金算入については発票が非常に重要であること、②証憑（発票）の有無が重視され、ない場合は、一部の例外を除き損金算入が難しくなること、③損金不算入となる課税所得調整の項目が多いこと（交際費以外に、福利費、広告宣伝費などの損金不算入）が挙げられます。

注意点としては、上記の発票の有無がかなり重要である点のほか、本法以外に日本の措置法的なものも多くあります。特に影響の大きいものとしては、小規模低利益企業に対する優遇税率、500万元以下の少額減価償却資産の一括損金算入などが挙げられます。全体を通して中国の措置法は、日本に比べ率や額の規模が大きく、良く言えば豪快、言い方を変えれば大雑把な印象を受けます。

解 説

中国の企業所得税の計算方式と会計、財務資料の関係（日本の計算システムに相似）については、以下のとおりです。

1 四半期納税

　中国の企業所得税の確定申告は年一度ですが、日本と同様予定納税申告があり、その詳細は日本と異なっています。まず、頻度が通常は四半期に1回（年4回）であることと、日本では前年度に一定の課税所得がある場合に予定納税が必要であるのに対し、中国では前年度の利益、課税所得に関わらず全企業が予定申告の義務があります。また、納税額は日本のように前年度所得をもとに計算するのではなく、当年度の会計上の利益に税率を乗じて計算します。一方で、日本のような税務調整がないわけではなく、確定申告時には会計上の利益を税務上の利益に調整する日本の別表四調整のような調整を行って年間の確定税額を計算し、既に納税した予定納税額は差額を精算して最終的に年間の確定税額へ納税額を調整することとなります。

◆イメージ図

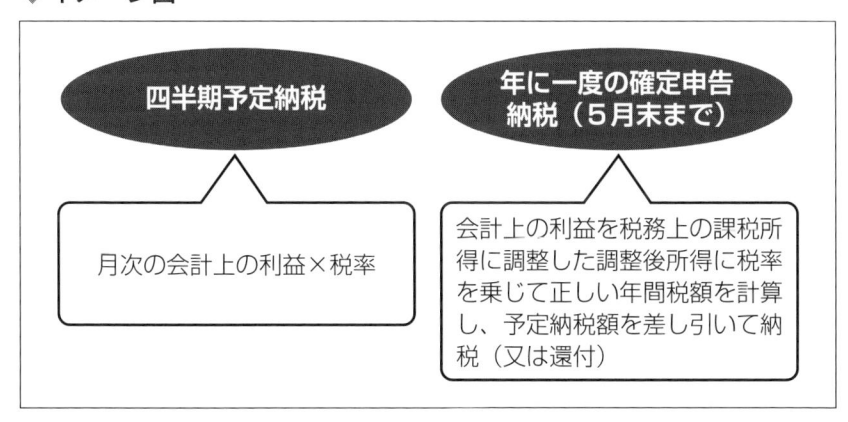

2 確定申告納税

　中国の法人の決算期は全て12月で、企業所得税の確定申告期限は翌年5月末日となっています。確定申告の際は、日本の別表四調整のように会計上の利益から税務上の課税所得を計算する方法により、課税所得を算出します。課税所得に税率を乗じて年間の正確な税額を確定した後は、各四半期で既に納税し

た予定納税額を減算し、差額を納税する（又は還付される）こととなります。

◆ 年間カレンダー

1月15日	1月〜5月	4月15日	5月末日	7月15日	10月15日 (国慶節休暇で通常1週間程度延長)
前年第4四半期企業所得税予定納税	法定監査実施	当年第1四半期企業所得税予定納税	前年企業所得税確定申告	当年第2四半期予定納税	当年第3四半期企業所得税予定納税

3　日本との相違点

　大まかな計算構造は似通っているともいえますが、相違点もあります。主な相違点は以下のとおりです。

①　発票をとにかく重視

②　企業所得税法上、損金算入限度額がある項目が多い

③　予定納税申告はマストで四半期ごと

④　決算期が全て12月

⑤　イレギュラーなものは税務局に判断を仰ぐ

4　優遇措置

　主な優遇措置は以下のとおりです。

（1）　小規模低利益企業に対する優遇税率の適用

　優遇のうち、最もわかりやすいインパクトがあるものです。一定の要件を満たす企業についての企業所得税率が実質5％となるもので、日本の法人税実効税率が35％程度であることを考えると、かなりの低税率といえます。

　小規模低利益企業の要件は、①工業企業は年課税所得が30万元以下、従業員数が100人以下、資産総額が3,000万元以下であること、②①以外の企業は

年課税所得が 30 万元以下、従業員数が 80 人以下、資産総額が 1,000 万元以下
であることです。

　なお、この要件に該当しないと課税所得金額全額が通常税率となってしまい、日本の軽減税率のような段階的な税率適用はありません。

(2)　技術先進企業（ハイテク企業）認定

　企業所得税の優遇のうち、主要なものには技術先進企業（ハイテク企業）認定があります。これは、認定を受けると企業所得税率が 15 ％となるものですが、認定には各地区の認定管理機関による認定を受けることが必要となります。

(3)　一括償却　500 万元以下償却資産の一括損金算入

　企業が 2018 年 1 月から 2027 年 12 月 31 日（2023 年に延長となりました）までに新たに購入した設備器具で単価が 500 万元（なんと日本円換算で 1 億円程度です）を超えないものは当期の原価費用として一括で損金算入できます。なお、日本のような損金算入要件はなく、会計上は通常の減価償却をして課税所得調整で減算調整をして一括損金算入する処理が可能です。

プラスα 中国のイメージの誤解～優遇・二重帳簿は？～

　中国というと、「進出すれば様々な優遇策がある」というイメージがあるかもしれませんが、もはやそれはふた昔前くらいのイメージです。一方で、中国だから二重帳簿三昧、税務局の対応は厳格で理不尽というのもふた昔前くらいのイメージです。現在の実情は、「外資向けの優遇などはほぼなくなりつつあるものの、企業所得税の負担は日本に比べかなり低く、税務調査も現在のところ以前ほど厳しくはない」というものですので、こちらも踏まえてグループでの税務戦略を考えていくべきかと思います。

Q3 その他の税金で気をつけるべき税金

　企業所得税、個人所得税、増値税の主要三税金以外に中国独自の税金はあるでしょうか？　特に注意すべき税金やその特徴について教えてください。

A

　企業所得税、個人所得税、増値税といった主要な税金以外にも、もちろん様々な税金があります。具体的には、印花税、契税、車両購入税、不動産税等です。

　このうち、注意したいのは、土地増値税、印花税です。

　土地増値税は日本にはない税金で、土地使用権の譲渡を行って譲渡益が出た場合に、個人所得税、企業所得税以外に課税され、課税されると税率も非常に高額というものです。

　印花税は、日本の印紙税に相当しますが、日本のように課税文書に印紙を貼りつけるのではなく、管轄の税務局に申告納税をします。また、中国国外で締結した契約書であっても契約書の対象が中国の不動産や出資金である場合、中国の印紙税が課税されます。

　総じて、納税者にとっては納税するほかないものがほとんどですが、土地増値税についてはインパクトが大きく、また課税されるケースは限られていますので、不動産の譲渡を行う場合や不動産が資産の大半を占める出資金の譲渡を行う場合等は事前によく検討しておくのが良いでしょう。

🏯　解　説

1　多くはミニ税金
（納税者側で対策の余地はないが土地増値税は注意）

　中国は主要三税金（企業所得税、個人所得税、増値税）以外にも様々な税金が存在します。基本的には日本でいう「ミニ税金」的な存在ですので、ルールどおり納税していくといった形で、納税者側で対処や対策が必要な点はあまりなく、税金のインパクトも主要三税金ほどは大きくはありません。しかし、下記の土地増値税については、日本にない税金で、しかも非常にインパクトが大きいので注意が必要です。

2　不動産関係税

（1）　土地増値税

　土地増値税は不動産投資の過熱を防ぐためと思われる税金で、不動産投資が過熱していた国らしい税金ともいえます。かつて日本の法人税にあったという土地重課課税に似ているでしょうか。不動産の譲渡益に対し、個人所得税の譲渡所得税（法人の場合は企業所得税）以外に課税されるのですが、税率が最高で60％と非常に高額です。

◆計算式

（譲渡収入額－譲渡原価）×税率

◆税率

土地増値額（上記、譲渡収入額－譲渡原価）	税率
譲渡原価の 50 ％以下の部分	30 ％
譲渡原価の 50 ％超 100 ％以下の部分	40 ％
譲渡原価の 100 ％超 200 ％以下の部分	50 ％
譲渡原価の 200 ％超の部分	60 ％

（2） 持分譲渡で課税される場合も

　上記のとおり、税率は非常に高率で、「昔に購入した不動産の価格が購入当初の何倍にもなった」という場合も、土地増値税が課税されると税金で大半がもっていかれてしまうという大変な税金です。また、持分譲渡の場合、不動産自体を譲渡していなくても当該企業の価値の大半を不動産が占めている場合等は、実質的に不動産の譲渡とみなされて土地増値税が課税されるリスクもありますので注意が必要です。

（3） 企業の清算（持分譲渡の場合に注意）

　土地使用権の売却は、通常の事業経営時にあまり生じるものではありません。しかし、企業の清算時には全ての財産を換価処分することになりますので、その際に譲渡益が生じる場合、課税されます。清算の資金計画に大きな影響を与えますので、事前に会計事務所と試算しておく必要があるでしょう。

（4） 個人の自己使用住宅には減免税措置あり

　なお、個人が自己の使用する住宅を譲渡する場合、居住期間が満5年以上の場合には免税、満3年以上の場合、半減徴収とされています。ゆえに、個人には減税措置がありますので、実際に住んでいる自己使用の住宅で土地増値税がかかることは通常あまりありません。これはこの税金が不動産への投機抑制のための税金であるためで、個人が居住用に住んでいた物件の売却益にまで高額な土地増値税をかける必要はないとの考え方によるものと思われます。

3　房産税（不動産税）

　不動産（建物）を所有している際に課税される税金です。個人の所有する非営業用の不動産については免税ですが、一部では徴収されている地域もあります。税金の計算は自己使用の場合と賃貸で異なります。

① 自己使用：(不動産原価－10～30 %の控除率)×1.2 %

② 賃貸：不動産賃貸収入 ×12 %

　上記のとおり、賃貸の場合は税率が異なります。②は代理発行の場合は（大家さんが単なる一般人で事業者でない場合など）、賃貸発票の発行時点で徴収されます。

◆ イメージ図（代理発行時）

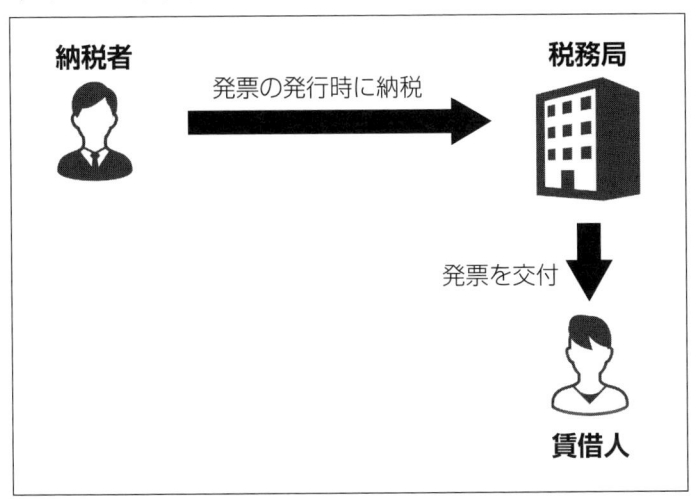

4　印花税

　日本の印紙税に相当します。なお、日本の印紙税のように物理的に契約書に貼り付けるようなものではなく、納税義務者である法人等がまとめて電子納税をします。この場合、注意したいのは日本の印紙税のように自国で契約が成立したものだけではなく、例えば日本法人同士が子会社中国法人の売買を行って契約は日本で締結した場合も、契約の対象物が中国にある場合は中国の印紙税が課税されるという点です。

◆中国の印花税課税イメージ

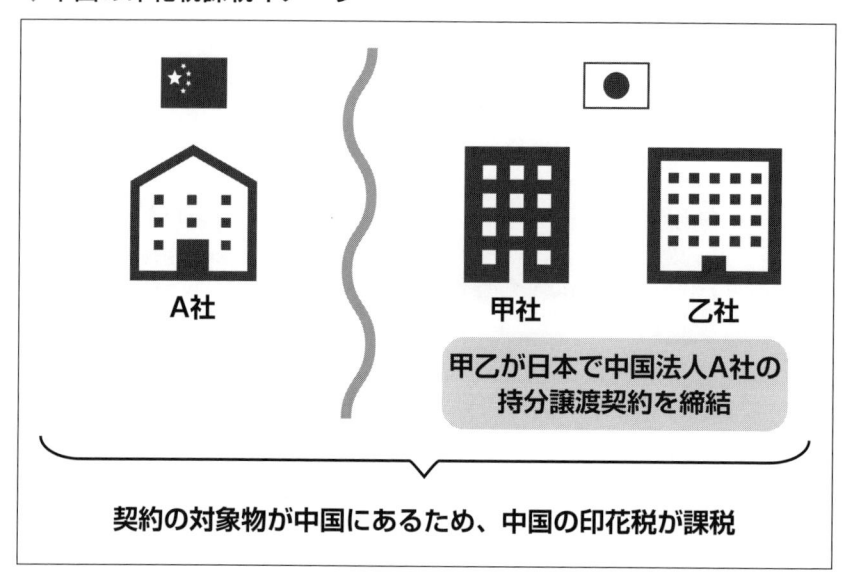

A社　　甲社　　乙社

甲乙が日本で中国法人A社の
持分譲渡契約を締結

契約の対象物が中国にあるため、中国の印花税が課税

5　契税

　契税は不動産の購入等の権利移転時に課税される税金です。適用税率は3〜5％で具体的な税率は管轄の地方政府機関などが決定します。

6　車両購入税

　車両購入税は、車両の購入に際して課税される税金です。課税価格に対して10％課税されます。

7　消費税

　消費税は嗜好品等に課税される税金で、「ぜいたく税」的な性質の税金です。工場出荷又は輸入の時点で課税され、以降は流通税としては増値税のみが課されることになっています。課税対象品目は、たばこ、酒、高級品などですので、一般の企業にはあまり関係のない税金といえます。

8 都市維持建設税及び教育費付加

　増値税を課税対象として課税される地方税です。増値税に対し合計12％等（厳密には地域により異なります）が課税されます。以前は外資企業への課税はありませんでしたが、2010年以降あたりから課税されることとなりました。計算のイメージとしては増値税というメインの税金を課税価格として課税されますので、日本の所得税を課税標準とする復興特別所得税に似ています。

　なお、外資企業への課税後、外国法人への支払（使用料など）に対する増値税にも課税されていましたが、現在ではそれに対する課税はなくなりました（増値税のみの課税となります）。

◆イメージ図

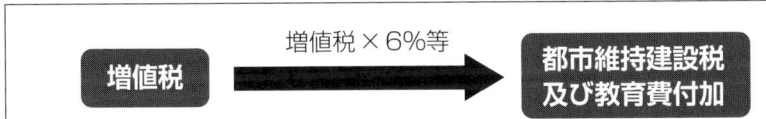

増値税　→　増値税×6%等　→　都市維持建設税及び教育費付加

増値税に対し12%等課税される
外国法人は課税なし（国外支払の使用料等）

プラスα　やっぱり土地増値税に注意

　上記の主要税金以外の税金で、要注意はやはり土地増値税かと思います。企業の清算時に多額の欠損金があり、「税金は発生しないであろう」とタカをくくっていても、高額の土地増値税が課税され、資金が大きく減少するというケースもあります。また、日本人在住の中国人個人の方の相談で、「高額の譲渡所得税がかかった」などと相談を受け、「譲渡所得税なら日本の外国税額控除ができるだろう」と思っていると、よく聞くと、譲渡所得税ではなく土地増値税であり、外国税額控除の適用はできなかったというケースもあります。

やはり、日本に似たような税金がある主要税金に比べ、中国オリジナルの税金は感覚的に想定しにくい面がありますので、注意が必要な税金といえます。

Q4 発票制度

中国の会計、税務で「発票」という言葉をよく聞きます。これはどういったものでしょうか？　領収書と理解して良いのでしょうか？　発票の主な注意点を教えてください。

A

発票はそれに完全に対応する日本語翻訳はありません。日本に全く同じ概念というものがないからです。強いていうなら、「税務局公認税務領収書」でしょうか。ゆえに、必ずしも領収書ではなく、請求書兼領収書兼インボイスといったイメージのものになり、渡すタイミングも様々です。これは、中国税務の根幹をなす重要な税務上の制度になります。

主な注意点としては、①発票は税務局に登録をした事業者しか発行できず、発行した発票は全て税務局に登録されている、②発票を発行するタイミングは代金受領のタイミングとは必ずしも一致しない、③発票には様々な種類があり、実態と一致した発票でなければ控除できない可能性があるなどです。

解　説

発票は税務局の公式領収書で企業所得税法上の損金算入、増値税法上の仕入税額控除に必要な証憑となり、非常に重要なものとなります。これがなければ原則として税務上経費にならず、増値税の仕入税額控除ができないわけですので、取引上も大変重視されています。

また、発票も取引実態や業種ごとに分かれている場合があり、例えば、不動産の賃借料などは、不動産賃貸業発票というものでなければ損金算入できないなどとなっている場合もあります。つまり、税務のみならず業法上の制限も発

票で実質的に行っているわけです。ゆえに、業務実態に応じた正しい発票を発行する必要があります。例えば、モノの販売であるのに、サービス業の発票を発行した場合、実態と異なる発票ということで損金不算入となり、増値税の仕入税額控除も不可となります。また、会社名などが異なっている場合も損金不算入となります。増値税にいたっては、増値税専用発票というものでしか増値税の仕入税額控除ができず、発行者側のみならず、取得者側も増値税一般納税人番号などの情報が必要になります。このように非常に厳格なものであることが、日本の領収書や消費税インボイスと異なるところです。

プラスα とにかく発票というフィルターを通すのが中国流 （事業者でない場合代理発行も）

発票の重要性についてのイメージは、「発票のフィルターを通ったものは必ず徴税できる」という点です。発票を発行すればシステム上税務局が必ず把握できることになり、完全に納税させることができます。一方、発票を発行しない経済取引というのも一部はありますが、そこに課税するという考え方は薄いように感じます。これは税務制度の成り立ちや、相続税がなく、事業以外の取引には課税する考え方が薄いという面も影響しているのではと考えています。逆にいうと、企業の経済活動は全て発票が必要ですので、発票の発行がない世界というものも確かにありますが、基本的には外資企業の帳簿上は関わってはいけないと捉えるのがわかりやすいのではないでしょうか。

◆イメージ図

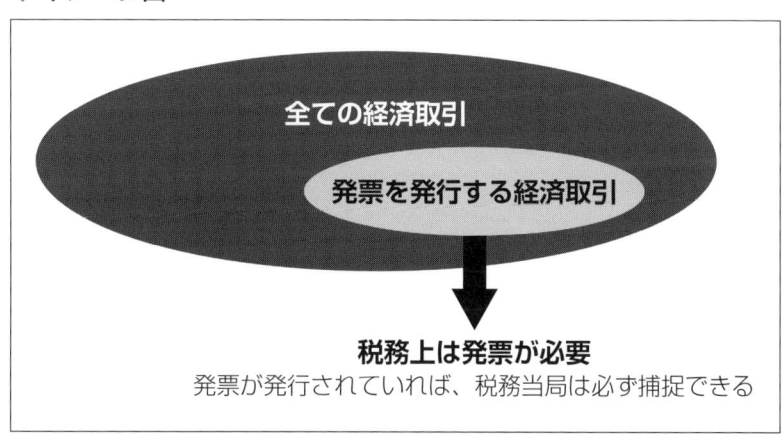

全ての経済取引

発票を発行する経済取引

税務上は発票が必要
発票が発行されていれば、税務当局は必ず捕捉できる

そのほか面白い点では、税務局向けにも発票を発行する場合があることです（源泉所得税の2％の報奨金等）。

◇ ────────────────── ◇

中国の企業所得税は日本の法人税に相当するもので、日本の別表四
調整のようなものがあると聞きました。本当でしょうか？　また、別
表四に相当する資料はどういったもので、どんな調整がされているの
でしょうか？

A

　ご理解のとおり、中国の企業所得税の計算構造も日本の法人税に似通ってお
り、会計上の利益を調整して課税所得を算出するというスタイルで、別表四に
相当する資料があります。当該資料は納税調整表と呼ばれており、企業所得税
の申告書にもありますが、監査申告書参考版に添付されている場合もありま
す。調整項目は日本でもあるような交際費の損金不算入などのほか、発票関連
の調整も多くなっています。

🏯　解　説

1　納税調整表とは

　中国の企業所得税の計算方式は、日本の法人税と似通っており、会計上の利
益から税務上の課税所得を計算するという方法です。日本では法人税申告書の
別表四で計算しますが、中国では「納税調整表」というもので計算します。こ
れは、企業所得税の申告書に該当項目にもありますが、ローカル事務所などに
監査を依頼すると、監査報告書に「おまけ」でつけてくれている場合が多く
なっています。監査報告書は日本からでも入手しやすい書類ですので、こちら
から確認できれば簡単です。

2　調整項目

「じゃあ、調整項目は何があるの？」という点ですが、これが有り難いことに日本の調整項目と似ています。日本でもお馴染み「交際費の損金不算入」や、「延滞税の損金不算入」などがありますので、調整項目がある場合は内容を見てみましょう。ちなみに、会計をある程度頑張っている企業（会計上厳格に計上し、税務上の差異を細かく調整している正しい企業）以外は、調整項目は通常は交際費くらいしかでてきません。

◆ 調整項目詳細解説

項目	損金算入限度額	注意点
従業員福利支出	賃金給与総額の14％	駐在員社宅家賃も該当
労働組合経費	賃金給与総額の2％	通常、組合（工会）経費は2％
従業員教育経費支出	賃金給与総額の2.5％	教育経費も損金算入限度あり
交際費	発生額の60％（売上高の0.5％とのいずれか低い額）	計算式の構造上、必ず損金不算入額がでる
広告費及び業務宣伝費	売上高の15％	広告費も損金算入限度あり
公益性寄付金支出	年会計利益の12％	会計利益で計算

3　日中財務担当者の交流

日頃中国会計に苦戦している日本の財務担当の方も多いものと思いますが、上記の税務調査の概念は日本とよく似ています。ゆえに、ここはひとつ会計と税務の差異を認識できる専門家同士、「会計上、経費計上するが、税務上損金不算入となる」「有税で損失処理する」といった議論を中国現地財務担当者と今後戦わせてみるのはいかがでしょうか。この手の専門的な話をすると、現地財務担当者も「君、わかっているね！」という顔をしてくれます。中国語では、「会計上費用処理，但是税務上不能税前扣除（会計上費用計上するが、税務上損金

算入できない)」といった表現になります。

4　調整内容の確認

　3のように直接現地財務担当者とコミュニケーションがとれるようになれば、課税所得調整表の調整項目があれば、現地財務担当者に聞いてみましょう。税務というのは有り難いもので、調整以外にも罰金等のペナルティや、明らかな事業外経費というものも、税務ではじかれ課税所得調整表で加算調整されることとなっていますので、調整項目を確認していくことで、そういったところも明らかになる場合があります。

プラスα 最初が肝心〜全体の経理フローを押さえる〜

中国現地法人の資料をどれだけ収集できるかが肝です。手間はかかっても、発票→伝票→帳簿→月次財務資料→期中税務申告書→監査報告書→確定企業所得税申告書という一連の流れを把握しておき、中国現地法人の財務関係資料にどういったものがあるか把握した上で資料収集を行うのは非常に有用でしょう。

◆電子発票

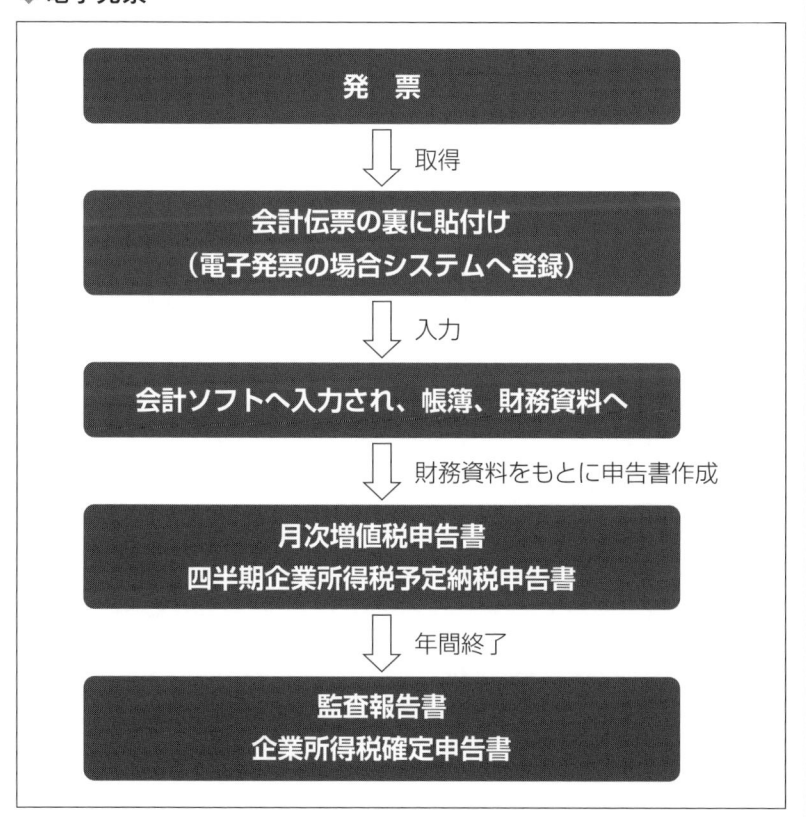

Q6 企業所得税（財務資料との関係）

　中国の月次財務資料と税務申告の関係はどのようになっているのでしょうか？　日本の財務資料と税務申告の関係と同じですか？　注意点などはあるでしょうか？

A

　会社が作成した会計上の財務資料をもとに税務申告を行っていくという点では、日本の関係と同様です。しかし、異なる点は、日本では財務資料を決算書として税務署に提出するのは年に1回ですが、中国は日本でいう月次財務資料ベースのものを四半期に一度の予定納税申告の際に提出しているという点です。日本でいう月次試算表のようなものが、既に税務局に申告済みであるという点には留意する必要があります。ゆえに、日本で小規模の企業がやるような、月次でのデイトバックでの修正（12月に発見した8月分財務資料の誤りを8月に修正する等）は通常行いません。また、決算修正もほぼ行わないなどの特徴があります。

　そのほか、増値税の申告は毎月であるため、財務資料を提出しているわけではありませんが、正しく申告していれば月次財務資料の数値に基づき増値税の申告をしていますので、毎月の財務資料が毎月の増値税申告と連動していることになります。

🏛 解　説

1　企業所得税

　企業所得税の予定納税の申告義務は四半期に一度です。イメージとしては日本の月次財務資料のようなものを税務局に四半期ごとに提出していることにな

ります。

2　四半期の予定納税は会計上の利益に基づき申告

　また、日本と異なるのは予定納税を日本のように前年度の納税額を基準に計算するのではなく、当年度の利益をもとに行うという点です。日本の原則→前年度実績、例外→当年度数値という関係が中国では逆になっています。ただし、「それでは四半期で別表四の課税所得調整のようなことをして、予定納税額を計算しなければならないのか？」というと、そういうことではなく、単に会計上の四半期利益を基に計算します。損失であっても申告をしますので、全ての企業が企業所得税の予定納税の申告をする義務があることになります。

3　デイトバックでの修正は行わない

　上記の関係から過去の月について修正事項があった場合も、該当の過去月の帳簿に遡っての修正は通常行われません。進行月の帳簿で修正仕訳として入力をすることになります。

4　増値税は毎月申告のため実質的に毎月の月次財務資料が連動

　なお、増値税の申告は毎月です。その場合、月次財務資料は提出するのでしょうか？　実は月次財務資料は提出しておらず、増値税の申告のみを毎月行っています。しかしながら、当然、増値税の申告は会計データをもとにしていますので、月次ベースの財務資料が毎月の増値税税務申告と連動しているといえます。

◆イメージ図

> ### 月次会計データ、財務資料
>
> ⬇ 会計データをもとに
> 増値税申告書を作成
>
> ### 増値税申告書
>
> ⬇ 毎月税務局へ申告・納付
>
> ### 税務局
>
> 月次財務資料を毎月税務局へ提出しているわけではないが、
> 増値税申告書と本来連動しているため、月次試算表が毎月
> 税務局へ申告する資料と連動している

  プラスα 12月の財務資料と決算整理仕訳

中国では月次での増値税申告、四半期での企業所得税の予定納税申告があることから、基本的に月次で翌月15日までに財務資料を締めていくことが前提とされています。ゆえに、決算月は12月ですが、12月末の帳簿が締まったすぐその後の1月15日に第四四半期の企業所得税の予定納税があります。その後、日本ですと、決算時に決算整理仕訳をある程度入力することが多いですが、中国の場合、1月に提出した12月分財務資料の数値そのままで、決算整理仕訳をほぼいれずに最終の決算数値とすることも多くなっています。

◆イメージ図

１２月分月次財務資料

１月15日に第４四半期企業所得税予定納税申告

１２月分月次財務資料ほぼそのままの数値で
監査報告書、企業所得税確定申告を行う

プラスα　予定納税＝会計上の利益
　　　　　確定申告＝納税調整後課税所得を踏まえたテクニック

　上記のとおり、四半期の予定納税は全ての企業が義務ですが、四半期の予定納税では会計上の利益に税率を乗じることで税額計算がなされるため、課税所得調整に基づいて企業所得税額の計算が行われるのは翌年５月末期限の確定申告のみです。会計上の利益については、税務上損金算入できない賞与引当金などの費用も控除した後の利益で計算されますので、この特性を利用すれば税金のコントロールがある程度できることとなります。

Q7 中国の会計科目と日本の会計科目

中国の財務資料は日本と大きく異なるものでしょうか？　その特徴や、勘定科目をみるにあたって、日本と大きく異なる科目などがあれば教えてください。

A

中国の財務資料も日本の財務資料と大まかには同じと考えていただいて結構です。しかし、当然ながらいくつか相違点、特徴的な点があります。具体的には、下記のとおりです。

(1)　中国では勘定科目が1級科目、2級科目、3級科目（補助科目的な意味）という構成になっています。1級科目は全企業統一となっており、日本のように企業ごとにある程度自由に勘定科目を設定することはできません。

(2)　中国の財務資料では、日本と異なり、キャッシュフロー計算書が必須となっています。

(3)　増値税、企業所得税の申告との関係から、月次財務資料のレベルで税務申告と密接に関係しています。

また、日中の勘定科目に相違があるもので、主なものは以下のとおりです。

Ⅰ　マイナス表示

Ⅱ　その他未収入金

Ⅲ　長期前払費用

Ⅳ　未払増値税

これは、日本と内容が異なり、よく日本側の財務担当者が違和感を覚えるところですが、現地では正しい処理になりますので、現地財務資料を修正させる必要はないこととなります。

解　説

1　1 級科目は統一

　中国の財務資料は日本と全く違うかのような誤解を持っている方もたまにいますが、そういったことはなく、原則は同じと考えて良いかと思います。ただ、社会主義国らしく、財務資料の科目などは統一されており、貸借対照表、損益計算書の科目は全企業統一で画一的です。これらは、1 級科目と呼ばれており、科目の名称などを変更することはできませんが、その下に日本の補助科目的なもので 2 級科目、3 級科目というものがあります。こちらは会社ごとにカスタマイズ可能です。特に管理費などは 2 級科目以下を見なければ内容がほとんどわかりませんので、2 級科目以下も入手することが肝要です。

2　月次財務資料を翌月 15 日までに必ず作成しているはず

　中国では月次で増値税の申告、四半期で企業所得税の申告をしていることから、通常どおり処理していれば毎月の月次財務資料を翌月 15 日までには作成しているはずです。これも定期的に入手できる体制をとるべきでしょう。なお、中国の法定休日（春節、国慶節など）が月初にある場合は、申告期限は延長されます。

3　日中の勘定科目の相違（正しいので修正不要）

（1）　マイナス表示

　中国の財務資料にはマイナス表示があります。受取利息は、支払利息のマイナスで表現し、為替差益は為替差損のマイナスで表現しますが、問題ありません。

（2）　その他未収入金

　日本でいう未収入金と異なるもの、例えば賃借物件の敷金なども計上されていますが、問題ありません。

（3） 長期前払費用

　賃借物件の内装費用は固定資産でなく、長期前払費用に計上されます。

（4） 未払税金のマイナス

　支払った増値税は、未払税金のマイナスで表現しますので、未払税金がマイナスになることがあります。マイナスは還付を意味することになります。

　上記は日本の会計処理としてはおかしいですが、中国では正しい処理であるため、中国のローカル財務資料を修正させるのはよくありません。親会社との連結上、調整したければ連結調整仕訳で調整すべき内容になります。

プラスα　日中間の相違はできる限り中国側の精度を上げる

　日中の財務資料に相違がある場合、連結調整で取り込んだ方が良いか、又は、現地の財務資料自体を日本に合わせてもらった方が良いか、という点で日本側の財務担当の方は悩まれるかもしれません。こうした場合は、内容により対応が異なります。

① 　まず、本当に日中間で取扱いが異なる場合、中国現地の会計処理について、日本の処理を強要すべきではありません。必ず連結調整仕訳で反映させるようにしてください。例えば、賃借物件の内装費用の長期前払費用への計上等です。

② 　一方、現地でも処理が可能であるが、現地の財務担当者や会計事務所が意味を理解しておらず、あるいは本来は誤った処理であるにも関わらず、実務的に広く行われているからという理由で処理が異なると言っているケースも結構あります（発票主義による損益計上など）。その場合は、手間はかかりますが、できる限り中国現地法人の財務資料自体を修正させて、現地法人の財務資料の精度を上げていくのがベターです。

Q8　租税徴収法

　中国の税金に関するペナルティはどういったものがあるのでしょう
か？　一般的に中国の法律的なペナルティは重そうなイメージがあり
ますが、税法においてもそうなのでしょうか？

A

　中国の税金にも、日本同様、延滞税、罰金等があり、特に罰金については
50％から最大500％と非常に幅が広く、発票の不正等には刑事罰もあるのが
特徴です。ゆえに、日本に比して税法についても、違法行為があった場合のペ
ナルティは重いといえるでしょう。一方で最高税率の罰金が科されることなど
は、実務上は非常にまれです。税法だけ読んでいると強烈な印象を受けます
が、実務的にどういった場合にどの程度の罰金が科されるかなどは、現地の信
頼できる会計事務所等（ある程度のレベルの専門家でないと、税法に書いてあ
ること以上の不確定なことは答えたがりませんし、意図を伝えるのも大変で
す）に確認すると良いでしょう。

解　説

1　延滞税

　1日あたり0.05％、つまり年間で18.25％とされており、日本のような除
斥期間の考え方はありませんので、滞納年数が長い場合、負担は高額となりま
す。

2　罰金

　50％以上、500％以下と非常にインパクトのある税率が法律上は規定され

ています。ただ、実務的には高率の罰金が科されるケースは通常はそこまで多くはありません。

3　刑事罰

犯罪を構成する場合、刑事罰が科されるとされています。特に、増値税発票の不正がらみなどが刑事罰まで発展する場合が多いようです。

> **プラスα　過去の誤りの修正～事前の専門家による検討を～**
>
> 中国の税務に関し規定上のペナルティは、かなり厳格です。ゆえに、悩ましいのが過去の税務申告に誤りを発見した場合、ペナルティの率の幅が広く、影響が予測しづらいという点です。これはやはり現地の税務専門家とともに、現実的な影響を検討するというステップを踏んて、判断していくという形が良いかと考えます。

◆中国のペナルティと対策

項目	内容	備考
延滞税	年率 18.25 %	除斥期間なし
罰金	50 %～500 %	高率の罰金が科されるケースは実務上はまれ
刑事罰	犯罪を構成する場合等	発票がらみの不正は特に厳しい

【ポイント】
違法行為はしないのが大原則である。
過去の未納等を発見した場合、ペナルティの幅が広いため、現地専門家と事前検討の上、対応策を決定していく。

Q9 中国の税金のうち、日本で外国税額控除が可能なもの

中国で日本法人が税金を支払った場合に、日本で外国税額控除が適用できる可能性があるのはどういった場合でしょうか？　実務的によくあるケースを教えてください。

A

中国で日本法人が中国の税法上の非居住者として納税する場合に、日本での外国税額控除の適用が考えられます。非居住法人の税金は源泉徴収の形式で納税される場合が多く、①配当の源泉徴収企業所得税、②持分譲渡の源泉徴収企業所得税、③使用料等の源泉徴収企業所得税・増値税等、④利息の源泉徴収企業所得税が考えられます。そのうち、外国税額控除の可能性があるのは、②、③、④の企業所得税です（①は受取配当等の益金不算入を選択した場合は、日本で益金不算入となる部分が大半であるため外国税額控除の適用はありません）。

また、駐在員事務所の場合には、公的機関事務所などの一部を除き、駐在員事務所が日本法人の一部機関として、みなし経費課税による企業所得税、増値税を納税するケースが多いですが、その際に納税した企業所得税は日本では二重課税が生じていないと解釈されるため外国税額控除は難しいと考えられるのが一般的です（ただし、実際所得金額方式による課税を行っている場合は、理論的には適用の余地はあると考えられますが、実務的には少ないと思われます）。

1　日本法人が非居住者として中国で納税する場合

　中国の法人と取引がある場合などに、支払元の中国の法人に源泉徴収をして
もらって企業所得税を納税する場合があります。

　主に以下のケースです。

（1）　配当の企業所得税源泉徴収

　中国子会社から日本法人に配当をする場合、当該配当に対して中国で10％
の企業所得税が源泉徴収されます。しかし、当該企業所得税は日本で法人税法
上の受取配当の益金不算入の適用を受ける場合は、当然ながら外国税額控除の
適用を受けることはできません。

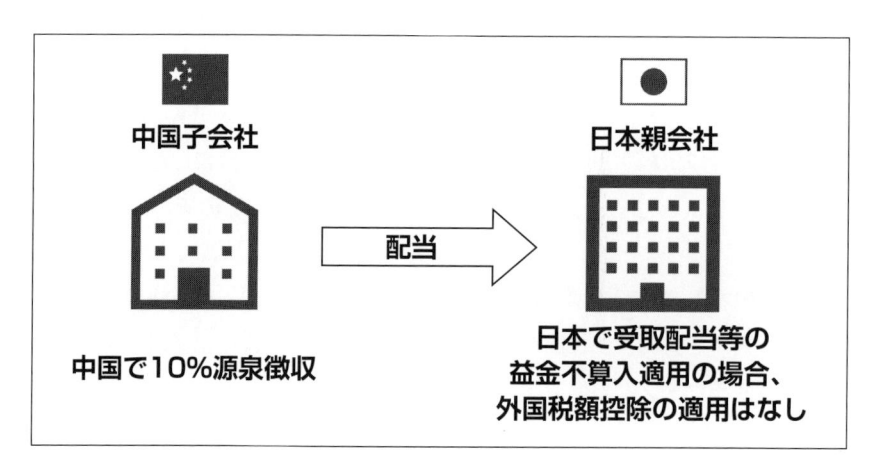

（2）　持分譲渡の企業所得税源泉徴収

　持分譲渡の譲渡益については、中国国内源泉所得に該当するため企業所得税
10％が源泉徴収されます。当該金額は日本の法人税法上、要件に該当すれば
外国税額控除の適用が可能です。なお、非居住者企業同士の譲渡でもこの源泉
徴収納税は必要になりますので、注意が必要です。

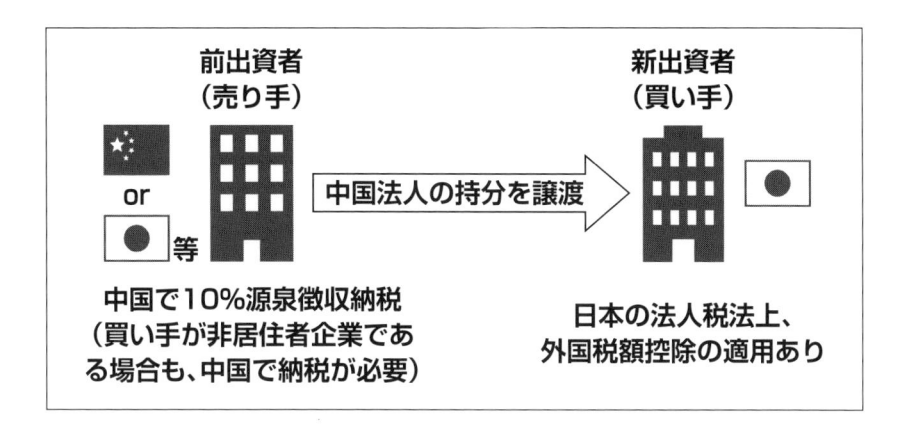

（3）　使用料等の企業所得税源泉徴収

　中国子会社から日本法人に使用料の支払をする場合、当該使用料に対して中国で 10 ％の企業所得税が源泉徴収されます。当該金額は日本の法人税法上、要件に該当すれば外国税額控除の適用が可能で、日中租税条約第 23 条 4(c) によりみなし外国税額控除で 20 ％の適用が可能です。なお、増値税については外国税額控除の対象とはなりません。また、使用料については増値税の免税申請が認められる場合もあります（「日中租税条約に規定する「みなし外国税額控除」の適用の継続について」（財務省）https://www.mof.go.jp/tax_policy/summary/international/tax_convention/press_release/sy200326ch.htm）。

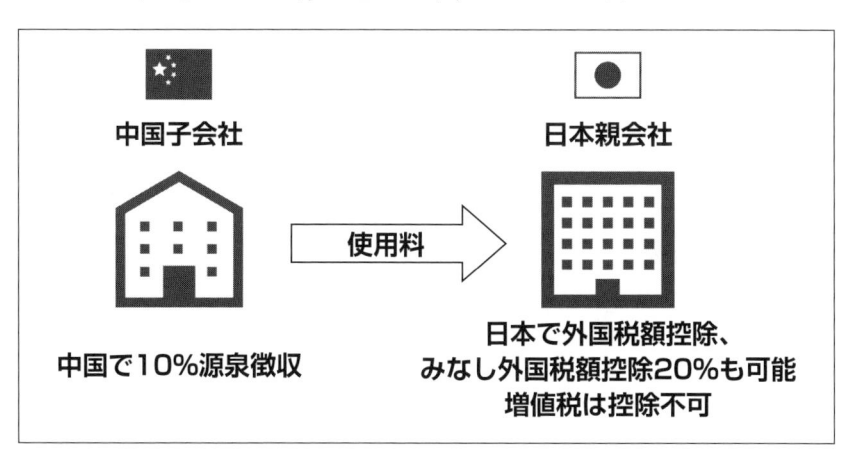

（4） 利息の企業所得税源泉徴収

　中国子会社から日本法人に利息の支払をする場合、当該利息に対して中国で10％の企業所得税が源泉徴収されます。当該金額は日本の法人税法上、要件に該当すれば外国税額控除の適用が可能です。また、保証料の支払も利息扱いとなります。

　なお、保証料については、計上を行っていない場合、日本の税務調査で計上を要求されるケースが見られます。

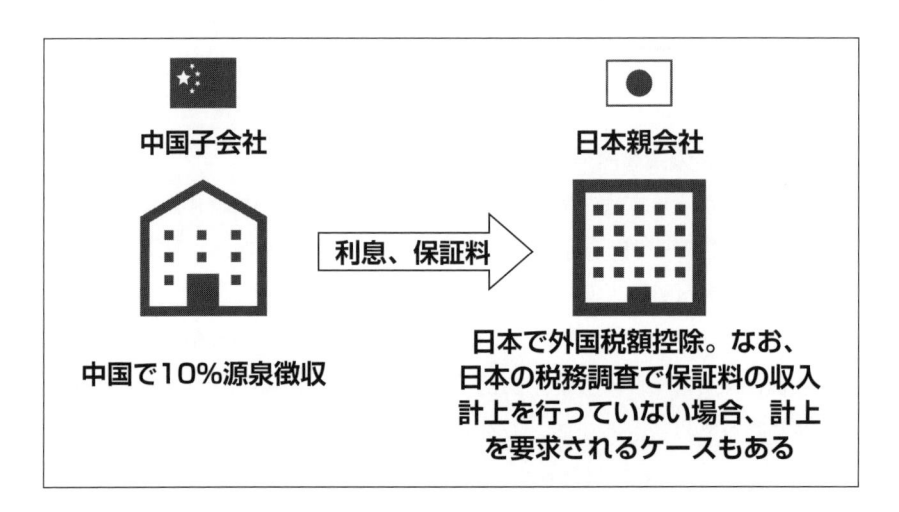

2　駐在員事務所が日本法人の一部として納税する場合

　駐在員事務所は中国で情報収集等の活動を行うのみですので、利益は発生しません。しかし、中国の税務実務では駐在員事務所に対し、経費課税方式により計算した利益があるものとみなして企業所得税を課税するケースが多くあります。しかしながら、経費課税方式により納税した企業所得税は、日本の法人税では国外所得金額が生じてないものと解釈されるため、日本での外国税額控除の適用は難しいと考えられます。

中国駐在員事務所
（日本本社と同一法人）

中国で経費課税により
企業所得税、増値税を
納税

日本本社

外国税額控除については、
計算式上、国外所得金額
が発生していない場合は、
適用不可

プラスα　譲渡される中国法人が源泉徴収義務者となる場合

　1（2）の持分譲渡において、売り手が日本法人の場合、譲渡益に係る企業所得税の納税義務者は中国非居住者である外国法人ですが、非居住者企業は中国には当然ながら拠点はないため、通常は源泉徴収義務者が源泉徴収をして納税をします。しかし、例えば非居住者から非居住者への中国法人の持分の譲渡の場合は、買主も非居住者で中国に拠点がありませんので、この場合は譲渡される中国法人が源泉徴収義務者となることになりますので、注意が必要です。

Q10 中国から日本への送金

　当社は中国に子会社を持つ日本企業です。中国子会社が利益計上となり、資金もあるため日本親会社へ送金したいと考えています。しかし、中国から日本へ送金するのは難しい場合もあると聞きます。送金は可能でしょうか？　また、どういった内容のものなら送金できるのでしょうか？

A

　送金は内容により、送金できるもの、できないもの、許可が必要なものに分かれます。利益計上となっているということであれば、一般的には配当が最も確実といえます。

解　説

1　中国現地法人から日本親会社への送金

（1）　送金は可能か？

　送金は可能です。ただし、送金できる項目は限定されており、

①　手続をすれば通常は送金ができるもの

②　関係当局が許可をすれば送金できるもの

③　そもそも送金できないもの

に区分されます。

◆送金イメージ図

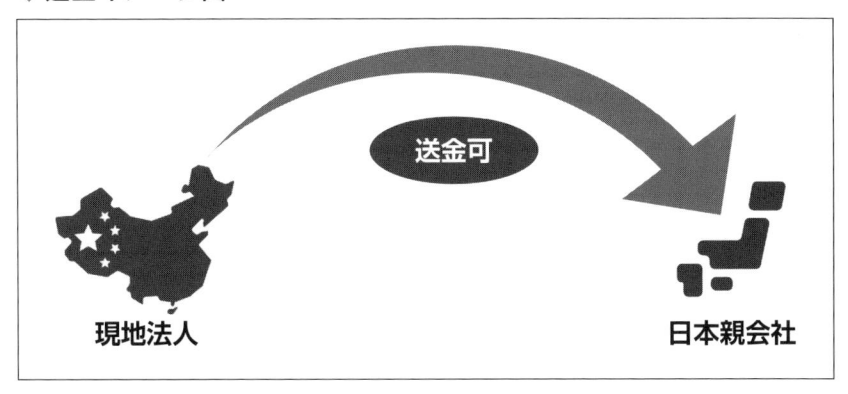

上記の３分類に区分した場合、一般的な例は以下のとおりとなります。

◆一般的な送金分類例

送金可否	例
1. 通常送金できるもの	貿易代金、配当金、 駐在員日本円支給給与分
2. 当局の許可があれば送金できるもの	サービスフィー、ロイヤリティー
3. 送金できないもの	許可を得ていない国外投資、 通関していない貿易代金

(2)　現地法人から本社への利益移転に使用できる送金方法は？

　中国では、外貨管理は以前よりはかなり緩和されましたが、引き続き日本よりはるかに厳しい管理が行われています。

　中国では、外貨取引が、資本取引、貿易取引、非貿易取引に大きく分かれており、管理の厳格さは資本取引、貿易取引、非貿易の順となります。ただし、厳格な管理がある分それに従えば逆に海外送金もできます。

資本取引：配当金、外債登記をした借入金の利息、元本の返済等ですが、きち

んとした手続をすれば送れます。

貿易取引：貿易代金の支払ですが、通関単があれば送れます。

非貿易取引：外貨管理上明確な規定があるものと明確な規定がないものに分か
れ、また外貨管理局の管理とは別に、納税証明書が要求されるケースもあ
り、税法上も税務局で必要な納税を済ませておく必要があります。

　この場合に税務局が現地法人から国外法人へ不当な利益移転を行っていな
いかの観点でチェックをしています。

　貿易取引に関しては、現在は事前に税務局の利益移転のチェックは入りま
せんが、事後的に移転価格調査や税関の輸入価格の妥当性、税関調査等で
チェックはされます。

(3)　当局の許可とは

外貨送金における当局の許可とは、通常は、

①　税務局による課税関係の確認、納税及び納税証明書の発行

②　銀行（厳密には外貨管理局ですが、ある程度の送金金額までは銀行が審査を行い
ます）

による送金の審査及び必要資料の提出となります。

2　現地法人から日本親会社へのサービスフィーの送金

(1)　サービスフィーかロイヤリティーか

上記のとおりですので、通常税務局で厳しくチェックされる利益移転に効果
のある送金はサービスフィーかロイヤリティーとなります。2方法のメリッ
ト・デメリットを簡単にまとめますと以下のとおりとなります。

方法	メリット	デメリット	源泉徴収課税関係
１．サービスフィー	税務局の許可さえとれれば、基本的には送金できる。	本社からの来中者の個人所得税課税や、PE認定の指摘を受ける可能性がある。価格の妥当性などについて税務調査で再度論点になる可能性がある。	企業所得税（みなし利益率による算出） 増値税
２．ロイヤリティー	ロイヤリティー届出をすることにより、一定の資料を作成・提出することになるため、税務上の参考資料とすることができる。	ロイヤリティー届出、資料作成、準備が必要。	企業所得税（10％：日本では20％とみなして外税控除が受けられる） 増値税（免税適用の場合あり）

プラスα　日本側と中国側の処理に整合性がないケースも

　日本親会社と中国子会社では、かつては送金に一定の難易度があったこと及び多くはコミュニケーションエラーから、日本親会社の中国子会社に対する債権と、中国子会社の債務の金額が一致していないケースが少なからず見られました。その際に、割と日本親会社からの解決法としてなぜかあがってくるのが、日本側の処理と整合性のない代金で中国側から送ってくるというものです。

　例えば、日本側は中国子会社に対する貿易代金の売掛金が未収になっているのに、中国側がなんらかの事情で貿易代金としての送金ができない場合、「５万ドル以下なら簡易的な手続で送れるからサービス代金として送ってしまえ」というような処理方法です。こうすると、送れるかもしれませんが中国側ではサービスフィーですので、増値税や場合によっては企

業所得税が源泉徴収されてしまい、日本側でも「貿易代金なのに、なぜ企業所得税が源泉徴収されるの？」ということで、外国税額控除もままならず、決済代金に差額も発生するといった状況が生じます。「そんなことがあるのか？」と思われるかもしれませんが、実際、実務では何件かそういったケースを検討される会社に出会ったことがあります。

　どうしても送金できない場合、整合性のない処理による送金もグループ全体の経営判断からやむを得ないかもしれませんが、まずは、なぜ、日中で整合性のない処理になっているかを検証し、その後、正攻法による解決策がないかをまず模索し、どうしてもダメなら現実的解決策を検討するというのが合理的な進め方ではないでしょうか。

◆ 整合性のない処理のイメージ図

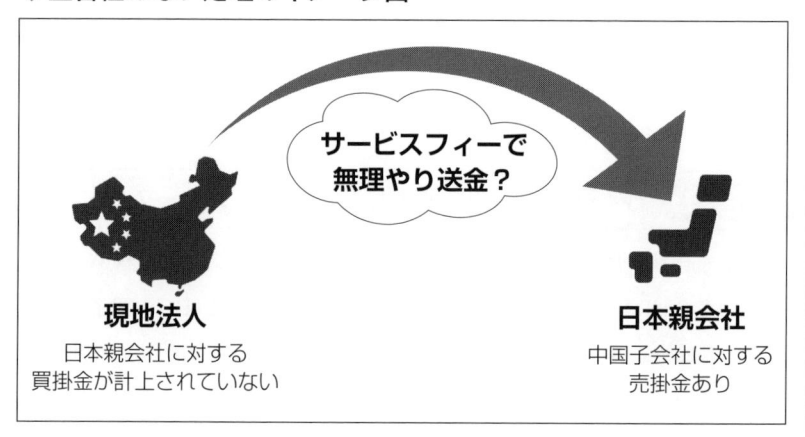

サービスフィーで
無理やり送金？

現地法人
日本親会社に対する
買掛金が計上されていない

日本親会社
中国子会社に対する
売掛金あり

Q11 駐在員事務所の税務

　駐在員事務所に対する課税にはどのようなものがあるでしょうか？
税の種類と注意点などについて教えてください。また、営業活動を行
わないはずの駐在員事務所が企業所得税、増値税を支払わなければな
らないのはなぜでしょうか？

A

　民間企業の駐在員事務所には、駐在員の個人所得税のほか、駐在員事務所自
体にも収入、利益があるものとして企業所得税、増値税が課税されます。会計
帳簿上の利益が発生しているわけではありませんので、通常は経費から逆算す
る経費課税方式により収入、経費が計算されます。また、注意点として、かつ
ては制度上もあった免税の駐在員事務所は、現在では制度上、新規申請は認め
られない点に留意する必要があります。

解　説

　駐在員事務所は中国法上も日本法人の一部であり、独立した人格を持ってい
ません。また、日本の税務的には営利活動を行わない拠点として、利益が発生
するわけがないというのが一般的解釈ですが、中国の税法では異なります。

1　免税事務所の取扱い

　かつては地方公共団体の事務所や、公益法人の事務所、ケースによっては民
間企業の駐在員事務所でも公的に税務局から免税証明が交付され、企業所得
税、増値税（当時は営業税）の課税がされないことがありました。しかし、当該
免税取扱いは、2010 年の国家税務総局「外国企業常駐代表機構の税収管理暫

定弁法」（国税発 2010「18 号」）により以降の免税申請が受理されないこととなりました。

　しかし、現在では認められないこととなった免税事務所ですが、申告はするがゼロ申告という形で申告し、実質税負担なしという形はまだあるようです。新たに設立された地方自治体等の公益的な事務所などはこのスタイルが適用されているケースがあるものと思われます。

　上記の経緯をたどった結果、現在では原則課税となっています。実際所得課税、経費課税などの形式はありますが、実務的には大半が経費課税です。

2　課税される税金

（1）　企業所得税

　駐在事務所の所得に対して課税されます。しかし、実際に収入があるわけではありませんので、多くの場合経費課税方式（経費から逆算して収入を算出し、そこから経費を引いて利益を計算する）により計算します。計算式は以下のとおりです。

① 　収入額＝当期の経費支出額／（1－みなし利益率）
② 　企業所得税額＝収入額 × みなし利益率 × 企業所得税税率
※ 　みなし利益率は 15 ％以上と規定されています。

（2）　増値税

　上記により計算した収入をもとに計算します。駐在員事務所の業務は役務提供とみなされますので税率は 6 ％です。

（3）　個人所得税

　駐在員事務所に所属する駐在員（首席代表、一般代表）及びスタッフについて個人所得税の納税を行います。

プラスα　駐在員事務所の必要性と現地法人化の場合の税務上の差異とかつての推定課税の合理性

　かつては一定数あった駐在員事務所ですが、現地法人の設立自体が容易になり、かつ、免税申請が難しくなった現在では駐在員事務所の存在意義は薄れています。現地法人化なども一案でしょう。ただ、一つ面白いのは、例えば実質的には駐在員機能しかはたしていない拠点の税務上の取扱いです。

◆ イメージ図

駐在員事務所	現地法人 （収入なし）

経費課税により、 企業所得税、増値税が 課税	収入がないため、 企業所得税、増値税は 課税されない？

　上記のような状況となり、現地法人の財務資料による帳簿計算を税務局が受け入れてくれれば（原則はそうです）、駐在員事務所より現地法人の方が、税負担が少ない結果となります。一方で、以前は一定期間以上赤字の現地法人に対して税務局により推定課税で企業所得税、増値税が徴収されるという実務が一部地域でありました。これは駐在員事務所との経費課税とのバランスを考えるとある程度公平であるという理解もできるという面白い面もあります。

Q12 分公司（支店）の税務

中国にも支店という概念があると聞きました。支店の概念や税務、注意点について教えてください。

A

中国における支店は、税務上、法務上重要な論点です。支店の論点は大きく2種類あります。

ひとつは、「外国法人の中国支店」に関するものです。日本であれば外国法人の日本支店というのは、法律上は業種を問わず設立可能ですが、中国では異なり、航空会社や銀行等一部の業種のみ認められています。

もうひとつは、「中国の法人が中国国内に支店形式で分枝機構を設立」するというものです。中国国内法人が、本店とは別の場所に支店形式の分枝機構を設立することは認められていますが、その内容は日本の支店と大きくことなります。異なる点は、中国では分公司は、半ば独立した別法人のように、分公司単独での税務申告や、登記などが求められているという点です。また、日本の感覚だと驚くのは、本店から支店への商品の移動なども売買扱いにして、売上発票を発行しなければならない場合があるというものです。そのほか、本店以外に事務所等を構えて支店登記せずに事業をやっていると、分公司登記を要求されることがありますが、税法的にはこれは正しい要求ということになります。

上記のとおり、日本の感覚の支店とはかなり異なるものと理解しておく必要があり、組織形態を決める際は事前によく検討をしておくことが重要です。

🏯 解　説

1　外国法人の中国支店（航空業・銀行のみ）

　外国法人が支店形式で中国に拠点を設立できる業種は非常に限定されています。具体的には、銀行や航空業界等一部のみです。これは外国法人の一部ですので、外国法人の一部として申告を行い、通常は本国でも本店に合算して申告するという形になります。

◆イメージ図

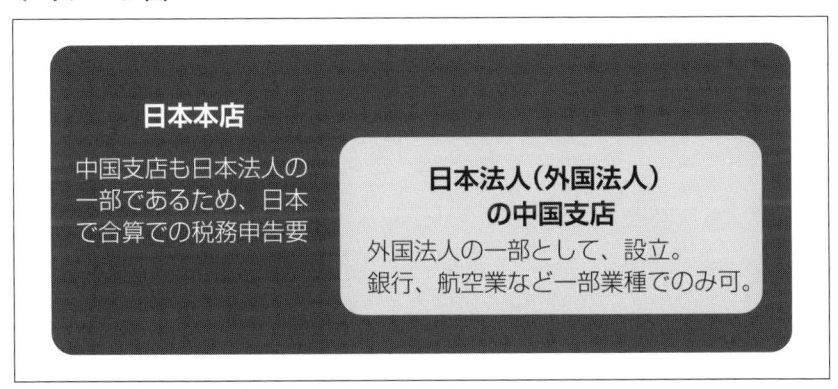

2　中国現地法人の国内支店

　一方、中国の現地法人が支店（分公司）を持つことには大きな制限はなく、幅広い業種の日系中国現地法人が国内支店を保有しています。ただし、中国の国内支店（分公司）は日本の支店とは制度上かなり異なります。すなわち、中国の国内支店（分公司）は国内支店（分公司）での登記や、記帳、財務資料作成や税務申告が義務づけられており、日本の感覚ですと独立した子会社に近いようなイメージになります。

中国法人の本公司
分公司は同一法人の一部であるため、分公司合算での申告も必要

中国法人の分公司
法人としては本公司と一体だが、分公司単独での企業所得税、増値税等の申告が必要

（1） 本支店間の商品の移動については売買の処理が必要

　分公司について、日本的な税務の感覚だと驚くのが、本支店間で商品の移動を行った場合、売買として処理しなければならない場合があるという点です。

　例えば、本店から支店に商品を移動した場合、本店から支店への売上、支店では本店からの仕入に該当し、本店は売上発票を起票する必要がある場合があります。また、その際、最終的に支店が販売した場合も、本店売値と仕入値が同じでは本店にその商品に係る利益が残りませんので、その商品に係る売上総

◆イメージ図

本店　　　　　　　　　　　　　　　　　支店

商品を移動、売上発票も発行して本店で売上、支店では仕入の処理

商品に係る売上総利益（内部付加価値）も、本店と支店の貢献に応じて配分した価格設定とする必要がある

利益から本店貢献分の利益分を計算して、支店への売却価格に反映させる必要があります。

この点は日本には全くない考え方になります。いわば、国内間の地方政府同士の移転価格問題といえるかもしれません。

（2）　経費のみの分公司

収入がなく、経費のみ発生する分公司というタイプもあります。なんとも中途半端な存在な気もしますが、法的に分公司として登記されているため、他地域に拠点を設けることの法務上の問題がなくなり、かつ、分公司単体での企業所得税、増値税の納税は不要である点がメリットです。

ただし、税務当局から実態に応じて収入計上（付加価値の分配など）の分公司への変更を求められる場合もあります。

プラスα　支店か？　子会社か？　登記せずに様子をみるか？

中国に現地法人があり、そことは別に中国国内に新たに拠点を出す場合、悩むのが「支店形式にするか、子会社形式にするか、それとも拠点として登記はせずにあくまで本公司の出張活動の一環という形にするか」というものです。

一般論でいうと、完全に独立した事業内容を行う場合は、別法人にした方がよく、事業関連性があり、本店、支店としての統一管理を行いたい場合は分公司という形が望ましいとされています。ただ、事業の先行きはなかなか読めない部分もありますし、社名に本公司の地名がのるなどの法的制約が、分公司の方が本公司を超える存在となった場合等は、結果的にアンバランスな状態になる事例もありました。いずれにせよ、一度登記してしまうと、変更は大きな手間ですので事前のシミュレーション、検討が重要と考えます。

中国に子会社を持つ場合、日本の税務調査でよく中国子会社関係の取引が問題視されると聞きました。日本側での税務調査の注意点を教えてください。また、①設立時、②経営中、③撤退時のフェーズ別にどういった点がよく税務上論点になるかを教えてください。

A

日本で法人の税務調査が入り、その法人が海外に子会社を有していると、調査官は必ず子会社関連取引について注目し、よく論点になります。その際の第一のポイントは、「日本親会社と海外子会社は別法人であり、海外子会社の経費を日本親会社が負担することは子会社への寄附金となる」という姿勢を税務当局はとってくるということです。ただし、原則はそういった姿勢により、全てが寄附金となるわけではなく、個別の状況によっては損金算入を認めるような通達もありますので、ケースごとに細かく論拠を準備しておくことが肝要です。

フェーズ別の主な注意点は、主として①設立時は設立前後の費用の負担元の確定と、その論拠の整理、②経営中は駐在員、出張者の給与関係、対価回収の必要性の検証、非居住者への支払の源泉徴収、③撤退時は撤退関連費用の損金算入の根拠と必要資料の準備といったところです。

解 説

1 設立時（現地法人設立前費用の帰属）

まず、中国現地法人設立後は、中国関連費用は当然ながら中国法人に負担さ

せる必要があります。しかしながら、悩ましいのは設立前に発生する各種費用です。日本の税務当局もこのあたりを狙って指摘してきたりしますので、設立前に発生する費用で日本親会社が負担するものは、その根拠を準備しておく必要があるでしょう。

2　現地法人経営時
（給与負担・消費税・非居住者の源泉徴収がらみ）

　現地法人の通常経営が開始されると、税務調査で指摘が多いのは子会社経費の否認、子会社寄附金への認定です。特に駐在員の給与の子会社寄附金認定、出張者の対価回収などが定番の指摘事項です。これらも根拠の説明、根拠資料の準備をしておくべきでしょう。また、見落としがちなどが非居住者への支払がある場合の源泉徴収です。否認対策はやっていても、非居住者への支払の源泉徴収をうっかり失念してしまい、税務調査で指摘されるという例がよくありますので、非居住者へサービス対価の支払がある場合、日本で源泉徴収の必要がないか注意する必要があります。

◆ イメージ図

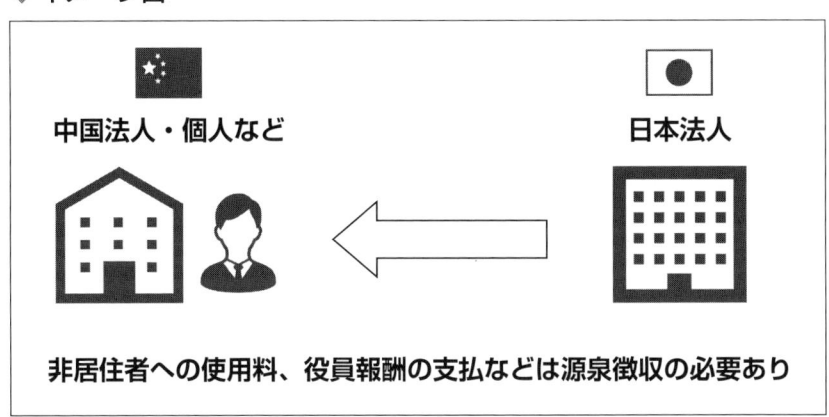

中国法人・個人など　　　　　　　日本法人

非居住者への使用料、役員報酬の支払などは源泉徴収の必要あり

3 撤退時（持分譲渡損益の損金算入）

撤退時も、子会社寄附金が問題になります。撤退関連費用を親会社が負担した場合、寄附金の問題が生じます。一方、法人税通達で、「損失負担をしなければ将来より大きな損失を被ると認められる場合」は寄附金に該当しない旨がうたわれていますので、通達の要件に沿った根拠資料などを準備しておく対策が重要になります。

また、持分譲渡により撤退した場合は、譲渡対価の妥当性が論点となります。こちらも譲渡対価が合理的時価であることを説明できる資料の準備が有効となります。

プラスα 税務上の正論は運営・ガバナンス上も有用

海外子会社からみの税務否認の最も重要な概念は、「子会社は別法人。負担はちゃんとわけなさい！」ということではないかと筆者は考えています。ただ、この税務上の考え方は適正な子会社管理やガバナンスという点でも有効で、「子会社関連費用は子会社が負担しなさい」という方針はガバナンス上も正論でわかりやすく、かつ、「そうはいっても教科書どおり負担させるとビジネスが成り立たない」というものはビジネス自体にどこかいびつな部分があるということではないかと考えます。ゆえに、国際業務では税務上の正論というのはガバナンス上も非常に重要かつ、有用であると筆者は考えています。

Q14 日本法人から香港法人への利息の利払

日本法人が香港法人から借入を行っており、利息を香港へ支払わなければなりません。香港法人は中国本土の法人より、外貨管理という点では自由度が高いと理解をしていますが、日本側の税務上の注意点などがあれば教えてください。

A

日本から香港へ利息を支払う場合、非居住者に対する国内源泉所得の支払に該当しますので、所得税の源泉徴収が必要となります。日本と香港は租税協定を締結していますので、事前に日本の管轄の税務署に租税条約の適用を受けるための届出書を提出すれば、租税協定税率である10％の所得税を源泉徴収すればよいこととなります。

そのほか、香港法人が関連会社の場合には、過小資本税制、過大利子支払税制の適用がある可能性がありますので、その点も注意が必要です。

解　説

1　非居住者への利息の支払
→国内源泉所得の非居住者への支払として源泉所得税要

まず、基本的には香港に限らず日本から海外へ利息を支払う場合は、非居住者に対する国内源泉所得の支払に該当しますので、20.42％の源泉所得税を源泉徴収して納税する必要があります。ただし、多くの場合支払先の国と日本では租税条約を締結していますので、租税条約の利子の条項に従って処理をすることになります。

2 日本から香港への支払→日香租税条約

(1) 日香港租税協定により 10 ％へ

　日本と香港では租税協定（国ではありませんので、条約ではなく協定になります）が締結されています（「所得に対する租税に関する二重課税の回避及び脱税の防止のための日本国政府と中華人民共和国香港特別行政区政府との間の協定」（外務省）https://www.mofa.go.jp/mofaj/gaiko/treaty/shomei_64.html）。

　租税協定では、11 条において利子の税率は 10 ％とされていますので、租税協定の適用があれば日本の国内法の 20.42 ％ではなく、10 ％の源泉徴収で済ますことができます。

(2) 租税条約の適用を受けるための届出の提出要

　一方、日本では(1)の取扱いを受けるためには、最初に（香港法人が）利子の支払を受ける日の前日までに「租税条約に関する届出（利子に対する所得税及び復興特別所得税の軽減・免除）」を提出しなければならないとされていますので（「租税条約に関する届出（利子に対する所得税及び復興特別所得税の軽減・免除）」（国税庁）https://www.nta.go.jp/taxes/tetsuzuki/shinsei/annai/joyaku/annai/1648_40.htm）、忘れずに提出しましょう。

　なお、国、地域によっては居住者証明などの添付が必要ですが、香港はその対象になっていないため添付資料は不要です。

3 関連会社への支払の場合
（過小資本税制・過大利子支払税制にも注意）

　なお、香港法人からの借入の場合、多くが関連会社からの借入となるケースが多いものと思います。その場合、日本の法人税法で過小資本税制、過大利子支払税制の適用がある場合もありますので、ご注意ください。

◆日本法人から香港法人への支払

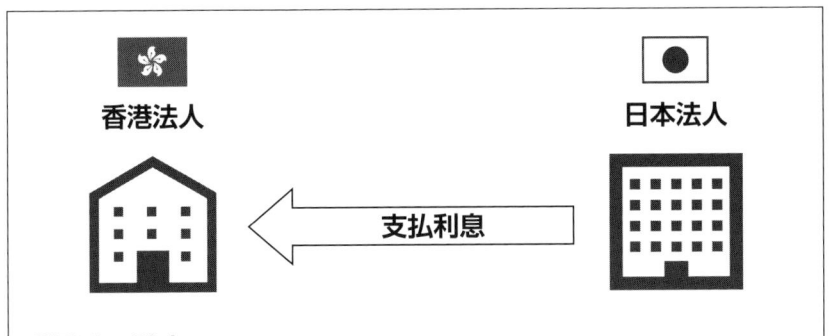

税務上の論点
① 支払時に源泉徴収、租税条約の適用を受けるための届出を提出すれば10%。
② 日本法人の状況及び日本法人と香港法人の関係によっては過小資本税制、過大利子支払税制の適用があり、利息の一部が損金不算入となる可能性があります。

Q15 出張者の概念①（出向者との相違）

弊社は海外（中国）に子会社を有しおり、現地駐在員以外にも、日本本社所属社員が何人か短期的に業務支援のため働いています。ただ、中国における駐在員と出張者の税務上の違いがもうひとつよくわかっていません。出張者は中国での滞在期間が183日を超えると現地で納税をしなければならないと聞いたのですが、それは出向者になるということでしょうか？　また、出張者と出向者に税務上明確な違いがあるのでしょうか？

A

日中租税条約に短期滞在者免税という条項があり、当該条項に定める3つの要件の全てに該当すれば中国国内源泉所得（中国で稼いだ所得）があっても、中国で納税をしなくてよいことになっています。

その3つの要件のひとつが、中国滞在日数が183日を超えないというものですので、183日を超過すると中国現地で申告・納税が必要になります。ただし、出向者になるという意味では全くなく、日本本社所属の出張者として中国で納税をすることになります。といいますのは、出張者、出向者というのはあくまでビジネス上の一般用語であり、税法の専門用語ではないためです。ただし、一般的には出張者は本社所属で日本の所得税法上は日本の居住者、出向者は、現地法人所属の駐在員で、日本の所得税法上は日本の非居住者となる場合が多くなっています。

なお、この居住者・非居住者は日本の所得税法上の話であり、中国の個人所得税法上の区分とは異なります。ややこしいですが、中国の個人所得税法による中国の居住者・非居住者の区分は、中国の個人所得税法の定義に沿って、別途判断していく必要があります。ゆえに、ケースによっては日本、中国双方で

二重居住者、又は二重非居住者となるような場合もあります。

解　説

1　出張者について海外で納税義務が発生する場合

出張者の課税については、子会社の所在する国との租税条約によりますが、中国との租税条約では、当該海外での滞在が183日を超過すると短期滞在者免税の適用がなくなり、現地でその国（非居住国）の国内源泉所得について、日本人社員の所得税を納税する必要が生じます。それはあくまで日本側では「日本の居住者であるが、中国でも納税する」ということです。つまり、居住国は日本である。メインの納税地は日本となります。これに対し駐在員は、日本では非居住者となっており、日本での納税は居住地以外は通常は行いません。一方、現在の中国の個人所得税では、居住者は「1年に183日以上滞在する」となっていますので、赴任年や帰任年は中国では滞在日数に応じ、居住者か非居住者かのどちらかになることとなるため、日本でも非居住者、中国でも非居住者という「二重非居住者」になることがあり得ます。

◆イメージ図

時期	日本	中国
赴任年	赴任日以降非居住者	中国滞在日数に基づき居住者又は非居住者
帰任年	帰任日まで非居住者、帰任日以降居住者	同上

2　出張者と出向者の税務上の違い（居住者か非居住者か？）

一般的な出張者、出向者の定義については、①出張者は「日本親会社に所属で日本の所得税法上日本の居住者である者」、②出向者は、「海外現地法人へ出向し、日本の所得税法上日本の非居住者となり、出向先の国で居住者となってい

る者」となります。ゆえに、日本の税務上は、一般的には出張者＝日本の居住者、海外では非居住者（ただし、出張先の国の税法により、出張先でも居住者となる場合がある）、出向者＝日本の非居住者、海外の居住者（ただし、出向先の国の税法により出向先でも非居住者となる場合がある）となります。

【ポイント】

① まず社員が税務上、どこの国の居住者になるかを確認します（居住者として税金を払う国。ただし、一定の場合には二重居住者・非居住者になる場合があります）。

② 日本居住者の場合でも、一定の場合は出張先の国で納税の必要があります。当該一定の場合は、租税条約締結国の場合、租税条約が優先適用されることになりますので、租税条約の給与所得条項の短期滞在者免税部分を確認します。中国の場合は183日を超過した場合は居住者として納税が必要ですし、183日以下でも中国国内からの給与支給があると納税が必要になります。

③ 日本居住者で、出張国でも課税が生じた場合、同じ所得に対し二重に課税がされていることになります。日本では、要件を満たせば確定申告を行うことにより外国税額控除の適用が可能です。

④ 一般的な運用としては、本社所属の社員は出張者、海外拠点の駐在員として海外拠点に常駐者とする場合、出向者とする場合が多くなっています。

2 日本の所得税法上の居住者の定義

(1) 1年以上継続して居住することを通常必要とする職業等を有する場合（駐在員）

　上記のとおり日本の所得税法において、居住者は「国内に住所を有し、又は現在まで引き続いて1年以上居所を有する個人をいう」非居住者は、「居住者

以外の個人をいう」と定義されています（所得税法2条）。

　抽象的な定義ですが、この定義を補足するための所得税法施行令で、非居住者と推定する場合として、「国外において継続して1年以上居住することを通常必要とする職業等を有する場合など」（所得税法施行令15条）と例示されています。

(2)　所得税法上駐在員は「国外において1年以上居住することを通常必要とする職業等を有する」と解される

　所得税法における居住者の定義は抽象的ですが、上記の施行令の推定規定によりかなり具体的に範囲が定まり、海外子会社の駐在員であれば、日本の非居住者であると取り扱うのが妥当と考えられ、一般的な感覚である「駐在員＝日本の非居住者」という運用が実務上多くなされています。また、社内の辞令などで1年以上海外勤務であることを証明するような書類があれば、より税務上の説明がしやすいこととなります。

(3)　駐在員＝非居住者は一般的運用だが本来は総合的判断

　これがさらにビザによる判断にまで至っている場合（「海外で就労ビザを持っているから非居住者である」というような）もあるようですが、この所得税法施行令の「職業を有する」はあくまで推定規定であるため、実際にはこれらを手掛かりに実態に基づき総合的な判断をしていくのが正しい取扱いです（ただし、現状わかりやすいので、実務的には「駐在員＝非居住者」という感覚が広く認識されている面もあります）。

　例えば、就労ビザを取得していても1年以内であれば日本の居住者のままという取扱いも考えられますし、逆にビザがなくても実態としては非居住者だということも有り得ます。ただし、その際は推定規定がありますので、「国外に1年以上居住することを必要とする職業を有する」に近しい状況であることをより明確に説明できる準備をしておく必要があるでしょう。

◆居住者・非居住者定義（所得税法）

所得税法2条 居住者	所得税法2条 非居住者
国内に住所又は1年以上居所を 有する個人	居住者以外の者

所得税法施行令14条
非居住者の推定（ひとつの手がかり）
国外に1年以上居住することを通常必要とする職業等を有する場合

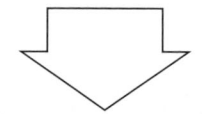

一般的運用
海外子会社駐在員は、日本の非居住者となる場合が多いで
あろう（ただし、本来は実態に基づく）

3 租税条約の短期滞在者免税（中国の場合）

　国内法上、国内源泉所得は、非居住者であっても中国国内で所得税が課税されます（所得税法5条）。しかし、日本は多くの国と租税条約を締結しており、租税条約締結国の場合は、多くの場合短期滞在の場合は相互で免税とすることとされており、租税条約は国内法に優先して適用されることとなります。中国の場合は、日中租税条約15条に下記の3つの要件が規定されています。

　① 報酬の受領者が当該年を通じて合計183日を超えない期間当該が他方の締約国内に滞在すること

　② 報酬が当該他方の締約国の居住者でない雇用者又はこれに代わる者から支払われるものであること

　③ 報酬が雇用者の当該他方の国の締約国内に有する恒久的施設又は固定的

施設によって負担されるものでないこと

　上記要件を満たせば、短期滞在者免税の適用があり、居住国のみでしか所得税が課税されないこととなります。なお、これらの 3 要件は他の多くの国との租税条約でも概ね同様です。

(1)　3 要件を全て満たす必要がある（現地法人からの現地通貨の支給に注意）

　上記 3 要件全て満たさないと短期滞在者免税の適用はありませんので、注意が必要です。短期滞在者免税は、「183 日ルール」とも呼ばれ上記 3 要件のうち、「暦年で 183 日以内」という要件が広く知られており、たまに、この要件しかないものと勘違いしている方も少なからずいます。しかし、他の 2 つの要件も満たさなければ適用はありませんので、非居住国から給与の支給がないか、出張者の業務が恒久的施設（PE）に該当しないか、についても確認が必要です。

(2)　二重課税と外国税額控除

　なお、日本居住者である出張者が外国で出張時に日本の所得税に相当する税金を課された場合は、同一の所得について、日本と海外で二重課税が生じることとなります。その場合、救済措置として一定金額まで日本の所得税から外国で納税した所得税を控除するこができる外国税額控除の適用が認められています。ただし、日本の外国税額控除や海外での外国税額控除は要件や特徴があり、単純に課税されたものが必ず控除されるというわけではありませんので、ご注意ください。

4　駐在員と出張者のステータス

　上記の関係から、一般的な駐在員、出張者のビザと税務の関係をまとめると以下のとおりとなります。ただし、下記は一般的なパターンであり、①ビジネ

ス用語としての「出張者」、「駐在員」、②入管法上（ビザ）の就労、商用、ノービザ、③税務上の「居住者」、「非居住者」は全て異なる概念であることに留意して判定をしてください。

◆一般的なステータス

区分	日本の所得税法上	中国での個人所得税課税	ビザ	給与負担
出張者	居住者	要件に該当した場合中国国内源泉所得に課税（又は課税なし）	商用ビザ、場合により短期就労ビザ（2024年8月現在、日本人はノービザでは中国への入国はできません）	日本法人負担
駐在員	非居住者	中国国内源泉所得が中国で全額課税（場合によっては日本の所得も課税）	就労ビザ	海外拠点負担（一定の場合には、日本親会社負担でも一部は損金算入可能）

Q16 駐在員

駐在員の個人所得税の税務の概要、特徴、注意点を教えてください。また、日本からの赴任から帰任までのスケジュールに沿った日中税務手続の概要を教えてください。

A

　駐在員は、中国では通常 1 年目は非居住者又は居住者、2 年目以降居住者になる場合という取扱いになります。1 年目は、中国滞在日数に応じ、居住者、非居住者の判断が必要で、2 年目以降は居住者として申告し、帰任年は再び非居住者又は居住者の判断が必要になります。それに伴い、個人所得税の計算が変わってくることになります。中国では非居住者と居住者で個人所得税の計算式が異なりますので、非居住者の年は非居住者の算式、居住者の年は居住者の算式を用いて計算をすることになります。

　日本については、赴任年は出国日までで年末調整をし、以降は日本の非居住者、帰任年は入国日から居住者とするのが一般的取扱いです。

🏯 解　説

1　中国側でのステータス

　中国の個人所得税法によると、居住者と非居住者では計算が異なり、以下のように判断します。

◆中国側居住者・非居住者判定フローチャート

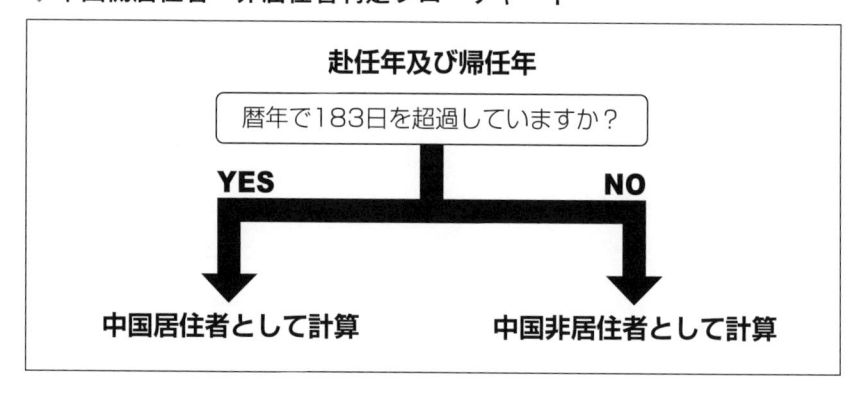

2　非居住者の計算（赴任年・帰任年・月別の計算）

　中国の滞在期間が183日以下であれば非居住者となります。ゆえに、駐在員の場合、赴任年と帰任年が該当する場合があります。この場合、中国で税額計算が居住者と非居住者で異なるため、それぞれの分類に基づく計算を行います。

　非居住者の計算式は以下のとおりです。

基礎控除月額5,000元控除後の月額給与×税率−速算控除額

　下記の居住者の計算式と異なり、月額単独で計算します。これは非居住者の控除額が基礎控除のみであり、月額で独立して計算して差し支えないと考えられているためといわれています。

3　居住者の計算（累積予納税法）

　中国の滞在期間が183日超の場合、日本親会社側での出張者、駐在員というカテゴリー分けにかかわらず居住者として申告します。

（1）　居住者の計算式

居住者の計算式は以下のとおりです。

---

①　当月の年間累計課税所得金額×税率－速算控除額

②　累計予納額

③　①－②

　上記のとおり、経過月ごとに年間の正確な税額を算出し、これまでに納税した金額との差額を納税するという計算方法になっています。各種控除額も毎月反映されることになるため、日本の感覚でいうと毎月年末調整をしているような感もある計算方法です。

（2）　各種控除

　外国籍個人は月ごとに基礎控除 5,000 元のほか、免税手当又は専門付加控除のいずれかを選択することができることになっています。なお、一般的な駐在員は免税手当を選択する場合が多いものと思われます。

項目	控除月額
子女教育費	2,000 元（2023 年の改正後金額）
継続教育費	400 元（職業資格継続教育は年 3,600 元）
重大疾病医療費用	一定の計算式による実額
住宅ローン利子	1,000 元
住宅家賃	地域により 800 元〜1,500 元
老人扶養控除	3,000 元（一人っ子の場合）
乳幼児控除	2,000 元（2023 年の改正後金額）

4 日本の所得税・住民税

（1） 赴任年

赴任前まで居住者として計算し（ただし、赴任月の1月未満の端数は不課税とすることができます）、出国日までの所得で年末調整をします。住民票は除票し、差額の最終年の住民税は徴収又は本人が納税します。

（2） 帰任年

帰任日から居住者として計算をします。住民票も戻し、次の1月1日を基準として日本の住民税が課税されます。

◆スケジュール別日中対応表

	赴任年	赴任2年目から帰任の直前年	帰任年
日本	赴任日の前日まで居住者、赴任日から非居住者のため赴任までに年末調整	非居住者として、日本の国内源泉所得がなければ申告不要（役員以外）	帰任日から日本の居住者
中国	非居住者又は居住者	居住者として申告	非居住者又は居住者

> **プラスα 急に帰任が決まった年はそれまで居住者として計算した分はどうなるの？**
>
> 当初の見込みが居住者であったのに、実際には急に帰任が決まり、非居住者となった、あるいは、非居住者の見込みで出張していたのに、183日を超過して居住者になった場合なども実務ではあり得ます。その際は中国では以下のような取扱いとなります。
>
> まず、居住者として計算していたのが非居住者となった場合は、判明後に非居住者として計算して精算した申告を行い、還付又は追徴納付することになります。
>
> 次に、非居住者の予定であったのに183日を超えて居住者となった場合

には、居住者となった翌月に 15 日までに居住者として申告して差額を一括納付します。上記のいずれも延滞税は課税されません。

Q17 出張者（短期滞在者免税）

　中国には短期滞在者免税という制度があると聞きました。それはどういうものでしょうか？　いわゆる 183 日ルールというもののことでしょうか？　従前は、当社の日本本社所属の出張者の中国滞在期間は、183 日を超過しない予定だったのですが、予定が変わり超過することになってしまいました。この場合はどのようになるのでしょうか？

A

　中国と日本の間では租税条約が締結されており、協定の短期滞在者免税の条項に該当すれば、短期滞在者免税の適用があります。なお、当該ルールは滞在期間が 183 日という条件だけでなく、①給与が他方の国（中国）から負担されていない、②恒久的施設を通じて負担されるという点も満たす必要がありますので、ご注意ください。

　なお、年の中途から 183 日を超過することとなった場合には、現在の中国個人所得税法では中国では居住者となることになります。その場合の計算は、居住者として累積予納法による計算が行われますが、日本の所得税法上も日本の居住者ですので、日本では国外所得部分について外国税額控除の適用が可能です。

解　説

1　短期滞在者免税

　183 日ルールという点が強調されますが、それ以外にも 2 つの条件を満たさなければ短期滞在者免税の適用はありません。3 つの条件は以下です。

① 中国滞在期間が 183 日以内である

② 給与が中国国内から負担されていない

③ 給与が恒久的施設（PE）を通じて負担されたものではない

滞在期間だけでなく、中国現地法人からの給与支給がない、PE が負担したとみなされるものではないというものも要件に入っていますのでご注意ください。

2　年の中途で 183 日を超過した場合（居住者として納税・計算）

短期滞在者免税の適用がある予定で出張していたものの、予定が変わり 183 日を超過することとなった場合、中国での個人所得税の申告、納税義務が生じます。現在の中国の個人所得税法では 183 日以上中国に滞在する者は居住者となりますので、居住者の計算式（累積予納法）を使って個人所得税を納税していくこととなります。

3　日本の所得税法　出張者は通常日本の居住者　外国税額控除が可能

日本本社所属の出張者の場合、中国滞在期間が 183 日を超過したとしても、日本の所得税法上は居住者としている場合が多いと思われます。その場合は、中国での納税した中国の個人所得税のうち、国外所得部分は日本で外国税額控除の適用が可能となります。ただし、外国税額控除が適用できるのは、対象年度中に納税した部分のみである点にご注意ください。翌年に納税した部分は繰越の申告もし、翌年外国税額控除の適用を受けることになります。

プラスα　ビザ・日本側のステータス・PE との関係

現在の中国の個人所得税法では、出張者ても中国滞在期間が 183 日超となれば中国の居住者となります。しかしながら、出張者は日本の税務上は当然居住者としていますので、二重居住者ということになります。その場

合、中国で課税された税金は日本で外国税額控除が可能です。また、中国の居住者であっても就労ビザをもっているわけではない場合もあります。

　なお、183日以内てあっても、上記②、③の要件を満たさなければ短期滞在者免税の適用はありません。人民元が必要だからといって、うっかり中国現地法人から現地使用分の給与を負担したりであるとか、日本へのサービスフィーの送金からPE認定を受けて、出張者がPE関連者とみなされないよう注意が必要です。

Q18　個人所得税優遇措置の延長・改正

　中国の個人所得税について、2023 年 8 月に優遇措置の延長等が発表されたと聞きました。それはどういうものでしょうか？

　また、控除額の増加も発表になったそうですが、どういうものでしょうか？　また、2023 年 8 月の発表とのことですが、いつから適用になるのでしょうか？

A

　2019 年の個人所得税改正時に暫定的に 2023 年までの措置として残された年一回性賞与に対する優遇計算や外国人に対する優遇措置（外国人社宅の免税等）が、2027 年まで延長されることになりました。また、優遇の延長のほか、新たに毎月の所得控除の額が増額されることになりましたが、こちらは 2023 年 1 月 1 日から遡及適用されます。ゆえに、過大徴収となっていた個人所得税については改正後の 8 月以降の給与で調整されることになります。

解　説

　2023 年 8 月末に立て続けに中国の税金について減税（優遇措置の延長と所得控除の増加）が発表になっており、これらは 2023 年 1 月から適用されます。

1　優遇措置の延長（2027 年 12 月末日まで）

（1）　年一回性賞与の優遇

　まず、年一回性賞与の優遇が無事延長されました。これは改正前の旧個人所得税法からある中国の春節等に年一回支給する性質の賞与について、年額での税額計算となった新個人所得税法でも適用税率を優遇（税率表のうち、12 分の 1

した税率を適用）するというもので、理論的には廃止もあり得るという性質のものでしたが、引き続き延長となりました。

◆ イメージ図

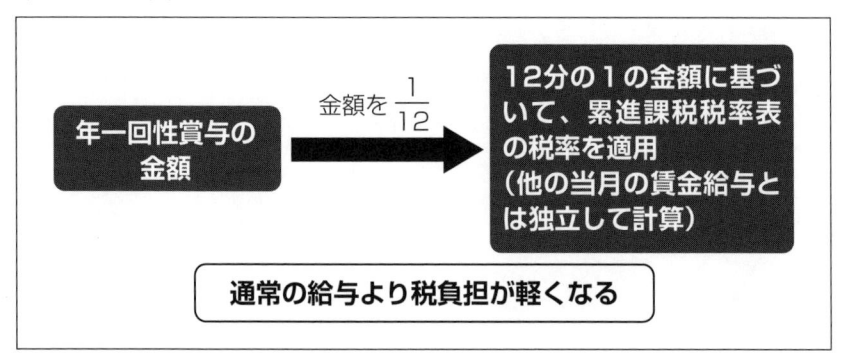

（2） 外国人手当の一部免税

また、外国人の社宅、子女教育費の免税も延長となりました。駐在員用の社宅が課税になりますと、かなりの税負担ですので中国在住の外国人駐在員も一安心といったところです。

2　新たな減税（個人所得税―専項付加控除（所得控除）の増額―）

また、優遇の延長以外に純粋な減税も発表されています。個人所得税の所得控除のうち、子女教育費控除が月額1,000元から月額2,000元へ、3歳以下の子供の育児控除が月額1,000元から2,000元へ、老人扶養控除が月額2,000元から3,000元へ増額となりました。

3　全て1月1日から遡及適用

上記は2023年1月1日からの適用ですので、遡及適用となります。個人所得税が改正により過大徴収となった場合、次回の給与の源泉徴収で調整されることとなります。

プラスα　免税継続は一安心、永住者は一斉に

　上記のとおり、影響の大きい外国人駐在員の免税措置などが 2027 年まで延長されましたので、一安心といったところです。なお、国外払い国外源泉所得が課税となる永住者の扱いは、いったん 2019 年の新個人所得税法施行時にリセットされましたので、新個人所得税法施行より 6 年を経過した 2025 年から居住年数に基づく永住者に該当する外国人が現れることになります。

Q19 増値税概要
（発票制度・一般納税人・小規模納税人）

中国の増値税では発票が非常に重要と聞きました。発票とはいわゆるインボイスのことでしょうか？　特徴や注意点について教えてください。また、増値税の納税義務者には一般納税人と小規模納税義務者というものがあると聞きました。その違いについて教えてください。

A

増値税は中国の税収の33％を占めており、個人所得税の９％と比べても、非常に重要な税金ということができます。また、その徴税システムは、発票という税務インボイスが非常に重要な役割を担っており、中国税務実務の根幹に位置するといえます。特徴は、税務インボイスは税務局が管理しており、税務局の管理のもと納税者が発行するシステムになっているという点です。ゆえに、税務インボイスの発行額、発行者、受取者など全て税務局が把握しており、税務インボイスを発行した以上、当該収入は全て税務局が把握していることになります。

解　説

1　一般納税人・小規模納税人

増値税の納税義務者には、一般納税人、小規模納税人という２種類があります。計算方式でいうと、一般納税人が日本の消費税原則課税事業者に近く、小規模納税人は簡易課税的な要素を持っているということができます。

2　普通発票・専用発票とは？

さらに、日本人の感覚だと理解しづらいのが、税務インボイスである発票も普通発票、増値税専用発票というものに分かれているという点です。

両方とも中国の正規税務領収書で、企業所得税の計算上、損金算入できるのは両方とも同じですが、増値税の仕入税額控除は増値税専用発票しかできず、さらに、取得者が一般納税人である場合しか増値税専用発票の発行はできないこととなっています。

◆イメージ図

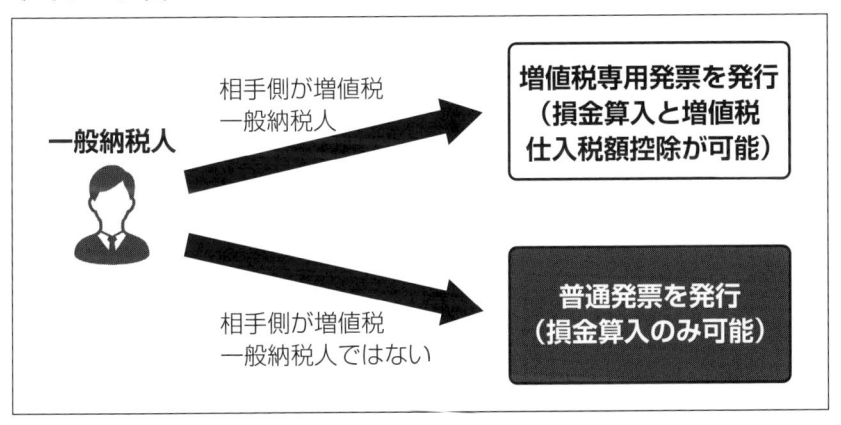

3　収据と会計・税務の関係

（1）　中国の発票制度

中国では税務上有効な領収書は『発票』といい、税務局が一括で管理し、税務登記をして認可を受けた法人、個人のみが税務局から発票を購入して自己で発票を取引先などに交付できることとなります。日本の領収書や 2023 年 10 月より施行となった消費税適格請求書制度と比べて管理が非常に厳格であるという点が大きく日本と異なります。

また、企業所得税法上の損金算入も基本的には発票がなければ認められませんので、現地法人は『基本的には発票を発行できる業者と取引する』というの

が原則となります。また、リース業や建築業など業種によっては『業種専用発票』というものがあり、専用発票を取得していなければ損金算入が認められない場合もあります（業種専用発票の制限が、法律上の経営範囲の遵守という面で機能している面もあります）。

(2) 発票以外のお金の受領

ただし、中国でも当然『前渡金』といった概念はありますので、その場合は発票ではなく、『収据』という『金銭の受領のみを証明する書類』を発行することとなります。この収据に関しては税務局から購入する必要がなく、各自で発行が可能です。

(3) 収据・発票と会計・税務の関係

上記の関係ですので会計と税務では以下のような処理関係となります。

【例】

① 1月に 100 元前払、4月にもう 100 元支払って全業務完了、発票 200 元取得

② 1月に 100 元支払、業務完了だが、発票は 4月に 100 元取得

③ 1月に 100 元支払、業務完了だが、発票を取得できず

	1 月の会計処理	第 1 四半期の企業所得税（会計上の利益に課税）	4 月の会計処理	年度確定申告時（税務上の処理）
①	前払金 100 元計上	前払金なので費用計上なし	費用200元計上、100 元は前払金より振替	200 元 が 損金算入
②	費用 100 元計上（発票はなし）	費用として控除	なし（発票の貼り付けのみ）	100 元 が 損金算入
③	費用 100 元計上（発票はなし）	費用として控除	なし	100 元 を 加算調整

プラスα　発票のない費用精算はありか？

　上記のとおり発票がなければ企業所得税法上の損金算入も、増値税の仕入税額控除はできません。しかしながら、中国で実際買い物や食事代金の支払をした方は、こう思われるかもしれません。「そうは言ってもそもそも発票を発行しない業者が堂々と営業をしているように見える。その支払は経費に落ちないのか？」という疑問です。これは、答えとしては「発票の出ない業者とは、現地法人は取引すべきではない」ということになります。発票で管理をしている以上、法人も正規の発票を発行している業者から取引して、正規の発票を取得して初めて損金算入できるというたてつけであるためです。

　例外的に北京を除く中国各地の日本商工会などは、法人格がないため発票を発行できませんので、その支払などは発票なして精算し、企業所得税の加算調整で加算するのが一般的です。ただし、正規の発票を取得するのが大原則で、通常は発票不取得による加算調整はあまり発生しませんので、ゆめゆめ、「納税調整で加算して損金に落とさなければ良いんてしょ！」などと考えないようにしましょう。なお、中国国外出張時の経費支払などは当然ながら中国の発票がもらえるわけではありませんので、当該国で税務上有効な領収書をもって損金算入できると考えられています。

Q20 来料加工・進料加工

中国の加工貿易の形態で、来料加工・進料加工という制度があるとよく聞きます。これはどういったものでしょうか？　また、来料加工と進料加工の違いは何でしょうか？　注意点も教えてください。

A

来料加工・進料加工とは中国の保税加工貿易の形態の名称です。大きなイメージとしては、国外から中国へ材料を輸入し、中国で加工して国外へ再輸出する種類の保税加工貿易が該当します。

① 来料加工とは、材料を保税で中国に入れた際に中国法人側では所有権の移転の処理や、対価の支払を行わず、加工賃のみを収入計上する保税貿易の方式です。

② 進料加工とは、材料の対価を支払って輸入して、所有権を中国企業に移し、その後中国で加工して再度国外へ輸出するという形式のものです。

上記が制度上の違いです。一般的には来料加工は技術レベルが高くないもの、進料加工は来料加工より技術レベルが高いものに適用されるといわれており、中国政府としては技術レベルの低いものは縮小していきたい方向です。

注意点としては、来料加工、進料加工とも保税（関税、増値税の課税なし）で中国に輸入していますので、手冊による輸出入の出入りの管理をしっかりし、中国国内に出してしまわないようにしなければならないという点が挙げられます。また、増値税の計算は、進料加工は仕入、売上の両方が生じるためより複雑となります。

解　説

1　背景

中国経済の発展は当初は輸出加工貿易によるものが中心でした。中国の安価で豊富にある労働力を活用して、諸外国から仕入れた材料を中国で加工して輸出するというものです。それらは、中国の華南地区から始まり、北へと広がっていた背景があります。ゆえに、同じ保税加工貿易でも制度の詳細は地域により異なっている場合があります。特に、華南地区は香港を活用することが前提となっており、本土側にある香港法人の来料加工工場などの形態は華南地区独特のものです。

◆イメージ図

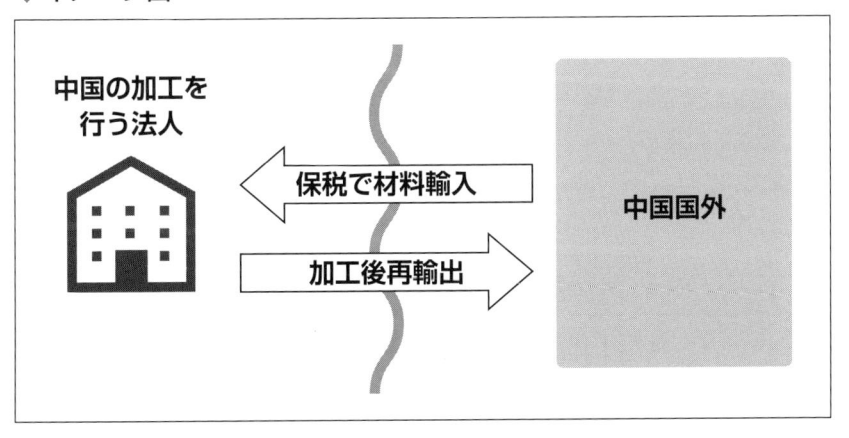

2　来料加工

来料加工は、原材料は無償で仕入れ、中国法人の貸借対照表にも計上せず、加工料のみを収入として収受する形態を指します。

3　進料加工

進料加工は有償で材料を国外から仕入れ（所有権も中国法人に移転します）、加

工後に輸出する保税貿易の形態を指します。所有権が移転しますので、中国法人の貸借対照表に在庫が計上され、加工後に輸出するという増値税の計算が必要となり、増値税の計算としては来料加工より複雑になります。

4　保税手冊の問題

保税材料は、手冊というもので入出庫が管理されています。意味としては、「いったん中国に輸入するが、加工後に再度中国国外へ輸出するため、関税、増値税を免除する。そのため管理が必要」という趣旨のものです。ゆえに、輸入と輸出が合わない場合は中国国内へ販売したものとして関税、増値税が課されることになります。

5　華南の香港法人（来料加工工場）

保税加工貿易の元祖たる華南地域では、香港の利用が盛んです。その中でも香港法人の工場が中国本土側にあり、かつ工場は本土側で法人格を持っておらず、香港法人の一部として存在するという独特の形態がありました。

この形態はQ31のとおり日本側でタックスヘイブンの問題が生じる場合もあります。

プラスα　保税手冊の管理と税関調査

教科書的には上記のとおりですが、現実の実務ではなかなか保税手冊と実物の入出庫が芸術的に合うということはないようです。材料の加工である以上、材料の一定の損耗があり、手冊上も損耗率という概念があるようですが、それが実際と一致していなかったり、国内材料として使用した場合に、なかなか追いきれなかったりという面があり、保税手冊と実際の材料の動きが一致しない場合も少なくありません。ゆえに、税関調査が来て保税手冊のチェックをした場合、なんらかの指摘事項は出てしまうというのが現実のようです。

　ただ、これはシステム上そういうものだと思って対処していくほかない種類のものではと思えるほど、税関での保税管理に関する指摘事項は多いように感じます。その辺りの現実的事情を理解してあげる度量というのも、海外子会社管理には必要かもしれません。

Q21 発票未取得・未発行の仕入・売上

中国の会計、税務でも原則発生主義と聞きましたが、発票主義による考え方も根強いと聞いています。当社の中国現地法人は製造業なのですが、発票を取得する前に入庫した材料や、売上発票を発行する前に出荷した製品などについて、現地経理担当者は何度言っても、「発票を取得していないから、発行していないから」という理由で、発票の取得、発行が終るまで会計処理をしてくれません。しかし、それだと、実際の在庫と乖離してしまわないでしょうか？　また、会計の原則は発生主義と聞いていますが、こういった発票の取得、発行時期とのズレについては、中国ではどのようにすべきとされているのでしょうか？

A

確かに発票の力が非常に大きいため、経理処理も発票の取得、発行時期にひっぱられがちです。しかしながら、当然ながら中国でも会計は発生主義であり、「仕入発票は取得できていないけど、入庫している」、「売上発票は発行していないが、既に出荷した」というケースは当然あり、中国の会計上もそれを処理するための仕訳があり、その仕訳をもって実際在庫とあわせるのが正しいやり方とされています。ゆえに、これを現地の財務担当者に理解してもらい、面倒でもその方法により処理してもらえば、会計データと在庫は一致し、発票の動きに関わりなく発生主義で処理できることになります。

🏛 解　説

1　「発票主義だから仕方がない」ではない

　中国の税務実務において、発票のあるなしは非常に重要であるため、発票の取得、発行をした時点で会計上の処理を行ういわゆる発票主義的な処理は、規模の小さい企業では以前はよく見られた処理でした。しかし、そうすると当然ながら実際のモノ、サービスの動きとは異なりますので、発生主義からは乖離していき、実際の在庫が会計データと合わなくなります。「中国は発票主義だから仕方がない」というものですが、それは誤りです。中国の会計もたいしたもので、そういった発票と実際の発生の差異についてを調整する会計仕訳がちゃんとあり、その仕訳により処理すべきとされています。

2　発票と実際のモノの動きが異なる場合の会計仕訳

　発票がある場合とない場合では、異なる仕訳を起票することとなっています。具体的には、例えば仕入の際に発票も取得でき、入庫した場合の仕訳は以下のとおりです。

例：税抜き100元、増値税13元の商品を仕入れて入庫し、発票も取得した。
（商品）100元　　　　　　　　　　／　（買掛金）113元
（未払税金－未払増値税）13元

　しかし、これが「入庫していないけど発票は取得した」という場合、以下の会計仕訳となります。

（商品）113元　　／　（買掛金）113元

　日本の財務担当者からすると、思わず「なるほど」と言いたくなる仕訳です。発票がないため、仮払消費税に相当する科目を計上しないという訳です。

当該仕訳は翌月初に逆仕訳で消し、月末に再度発票の有無により、在庫と合わせます。

　上記の仕訳により、財務資料の数値が実際のモノの動きと一致し、在庫とも合うことになります。

プラスα　発票未取得の処理の指導方法

　発票と実際の動きが異なる場合、教科書的には上記の処理になるわけですが、中国人財務担当者の全てが上記を正確に理解しているわけではありません。また、商品が絡みますので、商品の管理担当者など別部門の協力や理解も必要になります。ゆえに、実際の処理の落とし込みはかなり難易度が高いものです。

　そうした場合の現実的な改善方法としては、上記をよく理解しているレベルの高い中国人会計士等に指導してもらうということではないかと思います。やはり、日本側の意図を理解している中国側のレベルの高い会計専門家とともに会計業務を進めていくというのが王道ではないかと筆者は考えています。

Q22 組織再編の税務
（一般税務処理・特殊税務処理）

中国の法人にも組織再編制度や、適格税制のようなものはあるのでしょうか？　また、日本と中国法人が絡む組織再編の場合、どのようになるのでしょうか？　注意点などを教えてください。

A

中国にも日本の適格組織再編税制に該当するものがあります。税務上の簿価で移転できる適格税務処理に該当するものが特殊税務処理で、税務上の時価での移転となる非適格税務処理に該当するものが一般税務処理です。合理的な事業目的などを要件とするところも、日本の組織再編税制と共通点があります。注意点としては、要件に該当するか事前に確認を行う方がベターであること、実施後も企業所得税の申告時に報告が必要なこと、非居住者への適格税制の適用はかなり限定的である点などが挙げられます。

解　説

1　一般税務処理（非適格）と特殊税務処理（適格）

中国にも日本の適格組織再編に相当する税法があり、簿価での譲渡が認められる適格税制が特殊税務処理、時価での移転とする非適格税制が一般税務処理という名称となっています。時価移転の非適格税制が一般という名称ですので、日本と逆のイメージですが、税務理論的には正しいネーミングという印象も受けます。

2　特殊税務処理の要件（実施後の企業所得税の申告）

　特殊税務処理には様々な要件が定められており、それらは「企業の再編業務に係る企業所得税の処理に関する若干の問題についての通知」（財税 2009　59号）と「企業の再編業務に係る企業所得税法管理弁法」（国家税務総局公告 2010年第 4 号）などに規定されており、現在でも処理の基本となる重要な規定となっています。要件としては、日本と似た経済的実態が変わらないことなどを確認するようなものが主となっています。また、再編実施後も企業所得税申告時に一定の資料提出などが求められています。

3　非居住者の適用は限定的（日本親会社絡み）

　非居住者（外国法人等）も要件に該当すれば特殊税務処理が適用できることになっていますが、その要件から外国法人に特殊税務処理が適用されるケースは限定的であると考えられます。

プラスα　地域ごとに要件の丁寧な事前確認を

　実務的には国内企業間の再編の場合、要件に該当すれば特殊税務処理は問題なく適用できるケースが多いようですが、地域差もかなりあります。ゆえに、適用の可能性があるなら現地税務専門家とともに、丁寧に事前確認を行い、活用を検討すべきでしょう。また、地域をまたぐ合併などは各管轄税務局が判断することになりますので、各管轄地域当局への事前確認などが重要など、中国らしい事情もまだ残っています。

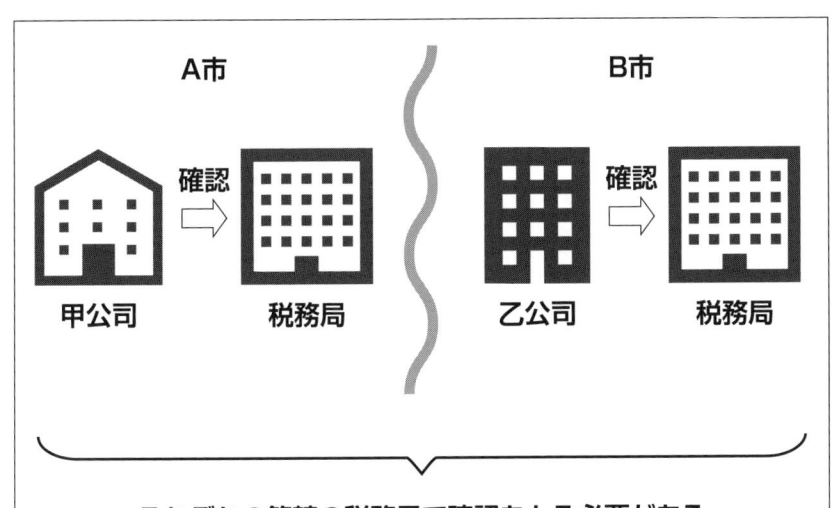

それぞれの管轄の税務局で確認をとる必要がある
（各地域の整合性の調整は実質的に納税者側で確認する必要がある）

Q23 DES（デット・エクイティ・スワップ）の税務

中国でも DES（デット・エクイティ・スワップ）が可能と聞きました。外債の借入枠が資本金又は純資産に基づき設定されるため、資金調達の手段として有用と金融機関の方からアドバイスをもらっています。しかし、日本同様、税務上は、債務免除益の計上があるのではと心配しています。中国では DES は税務上どのように取り扱われるのでしょうか？

A

中国でも DES は可能で、外債借入枠の復活のために利用される場合もあります。中国では DES は組織再編の一部として規定されており、日本の DES と同様、時価評価をして資本金に組み入れますので、理論上は時価との差額が債務免除益として認識されることとなります。ただ、実務的には中国では現在のところ DES の債権時価評価の論点についてそこまで税務局が厳密に指摘してくることはないようで、会計・税務上も債権額面金額が資本金になるような DES も多いようです。

解　説

中国では DES は組織再編の一部として規定されています。再編の基本は、「原則時価評価」ですので、DES の債権を時価評価して、資本金部分と債務免除益部分に分けて認識します。中国では資本金、純資産から外債の借入限度枠が設定されますので、外債借入枠の増加手段として DES が利用されることがあり、金融機関からそういった提案を受けることもあります。

1　債務免除益計上問題（実務的には額面による DES も少なくない）

　税務上、日本の法人税と同様、債務免除益計上の問題があります。ただし、実務的にはまだそこまでうるさくは言われていないようで、額面による DES でそのまま税務局から指摘されていない事例もみられます。ただし、規定上は計上すべきとなっているため、実施にあたっては現地税務専門家とともによく事前検討をすべきでしょう。

◆DES イメージ図

税務理論的には、債券の株式転換が行われる場合は、債務弁済と持分投資の二つの取引に区分し、債務弁済所得又は損失を認識することとされています。

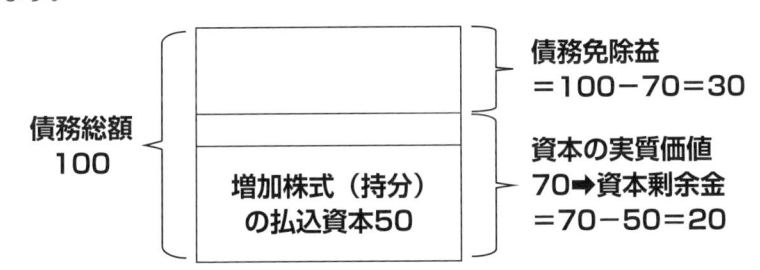

　なお、実務的には資本の実質価値（債務の時価評価額）の算定がそこまで厳格には行われず、債務総額100を資本に振り替える場合もあります。ただし、理論的には図表のとおり債務免除益が認識される可能性があるため、事前に専門家との検討は必要です。

プラスα　疑似 DES、個人の人民元借入金

　中国には日本にはない外債の借入限度額という制度があります。これが割と資金調達においての足かせとなり、外債枠を使い切ると本 QA のような DES も検討しなければならなくなります。なお、DES の場合、日本でも専門家の間ではたまに話題にあがる「疑似 DES」的なものも、やろうと

思えばできなくはないものと思われます。ただ、上記のとおり税務上、時価評価での債務免除益の計上について、日本ほどは厳しくないため手間を考えるとそこまでやるメリットがあるかどうかは微妙なところです。

　また、もうひとつ日本の役員借入金のように、「個人が現地法人に貸せるのか？」という疑問があります。これは、まず外貨で日本から送金してくるような場合は、外債として制限がかかることになり、個人から貸す例はほとんど見られません。一方で、現金の人民元で現地法人に貸し付けるような事例はしばしば見られ、こういった個人からの借入は負債の「その他未払金」に計上されることが多くなっています。これは、外債借入は制限があるのと、中国では資金の貸付も厳密には金融業に限定されているため、当該科目を使用する場合が多いと言われています。

Q24 配当（各種送金）

弊社は中国に子会社を持つ日本企業です。中国子会社が利益計上となり、資金もあるため日本親会社へ送金したいと考えています。しかし、中国から日本へ送金するのは難しい場合もあると聞きます。送金は可能でしょうか？　配当に関する注意点及び必要な資料、日本側での処理などを教えてください。

A

　中国から日本への配当はもちろん可能です。日本と同様、利益積立金の計上が要請されており、資本金の50％に達するまでは、利益の10％を利益積立金として積み立てた後は配当が可能となっています。さらに積立後の配当可能利益から、企業所得税10％の源泉徴収をした後に、配当が可能です。なお、配当手続に関しては利益計上年度の中国注冊（公認）会計士の監査報告書などが要求されるケースが多くなっています。

解　説

　たまに中国からの配当は難しいという誤解がありますが、中国子会社から日本法人への配当は要件を満たし、必要な手続を踏めば問題なく可能です。

　まず、利益がなければ配当できませんので、利益計上であること、その後資本金の50％に達するまでは、利益の10％分の利益準備金を積み立てることが必要です。その後企業所得税10％を納税したのちに、日本親会社へ配当ができることとなります。なお、当該企業所得税は日本親会社に課税される税金ですが、受取配当の益金不算入の適用を受けている場合、外国税額控除の適用はありません。

221

また、配当に関しての送金は、送金予定の中国側銀行に必要資料などを確認しておく必要があります。手続や納税に配当決議資料のほか、利益計上年度の利益と利益積立金計上が確認できる監査報告書の提出が求められるケースが多くなっています。

　なお、利益準備金以外に三項基金という積立金がありました。企業発展基金、従業員福利基金の積立が以前は規定されていましたが、定款などで積立が規定されていない場合、強制ではありませんので実質的にはあまり気にする必要がないという積立金となっています。

◆配当イメージ図

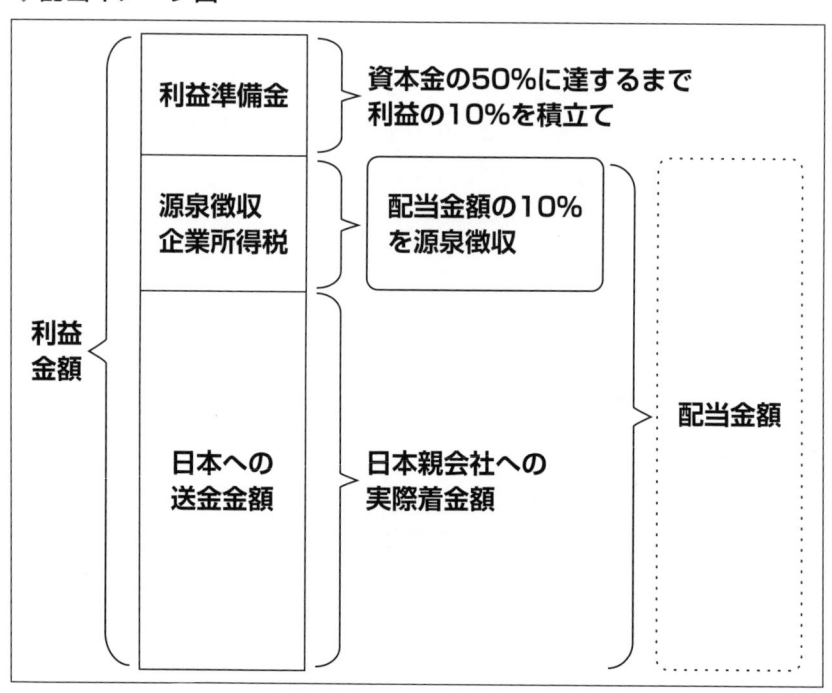

Q25 ロイヤリティー

弊社は製造業の日本法人ですが、中国子会社に対し技術提供を行っています。日本の税務署から一定の対価回収をするよう指導を受けていますが、中国子会社からロイヤリティーを支払ってもらうことは可能でしょうか？ また、パーセンテージとしては売上の何パーセントまでなら認められるなどの目安はあるのでしょうか？

A

可能です。ただし、①中国側で使用権として企業所得税の源泉徴収が必要であること、②損金算入するためには税務上合理性のあるパーセンテージであることが注意点となります。この②の合理性のあるパーセンテージが、ご質問の「パーセンテージの目安」に該当し、直接の規定があるわけではありませんが、5％以内とするケースが実務的には多いようです。なお、以前、コミッションに関する損金算入の規定が売上5％を限度額とする規定がありましたが、本来はロイヤリティとは関係がない規定と考えます。

解　説

1　中国におけるロイヤリティー

中国において、中国子会社から日本親会社へロイヤリティーを支払うケースもあります。その場合、ロイヤリティーに関して質量技術監督局へ登記をする場合もあります（義務かどうかは厳密にははっきりしていません）。登記後に、非居住者への支払に該当しますので、必要な税金を源泉徴収して日本へ送金することになります。

2 日本の税務上の要請

　また、日本の法人税法上、海外子会社からの適正な対価回収ということで、ロイヤリティーでの対価回収が必要と日本親会社で判断するケースもあります。中国現地法人へなんとか日本親会社へ送れないかという要請があり、ロイヤリティーを有力手段として考えるわけです。ただし、日本で思うほど簡単ではありません。ロイヤリティーを払うべき実態があるかの検討や届出、源泉徴収も必要ということになります。また、後述しますが、技術先進企業（ハイテク企業）認定を得ている場合などは、税務当局から「ハイテク企業なのになんでロイヤリティーを外国に送金するの？　技術があるんじゃないの？」という疑義が呈される可能性もあります。

3 パーセンテージ

　パーセンテージは一般的には5％あたりが通常の限度とされています。これは以前のコミッションに関する規定ですが、売上高の5％を税務上の限度とするためです（OECDのモデルでも5％を限度とする例があるようです）。

4 中国での課税関係（企業所得税、増値税）

　上記ロイヤリティーは中国では非居住者に対する使用料の支払として、源泉徴収が必要になります。

5 日本における外国税額控除（タックススペアリングクレジット）

　上記の企業所得税は日本で外国税額控除が可能です。さらに、タックススペアリングクレジットとしてみなし外国税額控除も可能で、合計で20％の控除が可能となります。

プラスα　ロイヤリティーと人的役務提供による支援 技術先進企業

　中国からの資金回収手段としては、ロイヤリティーも有名ですが、そのほか、技術指導などで日本親会社社員が中国に指導に行っている場合は、人的役務提供に該当しますので、その対価を支払うという方法もあり、それはロイヤリティーとは異なります。一方で、人的役務提供は PE のリスクもあることになります。また、技術先進企業の場合は、「高い技術があるのにロイヤリティーを支払わらなければいけないのは矛盾しているのではないか?」という指摘を受ける可能性もあるため、やはり、実態に基づくグループでの対価回収の検討が重要と考えます。

◆ 技術先進企業のロイヤリティの問題

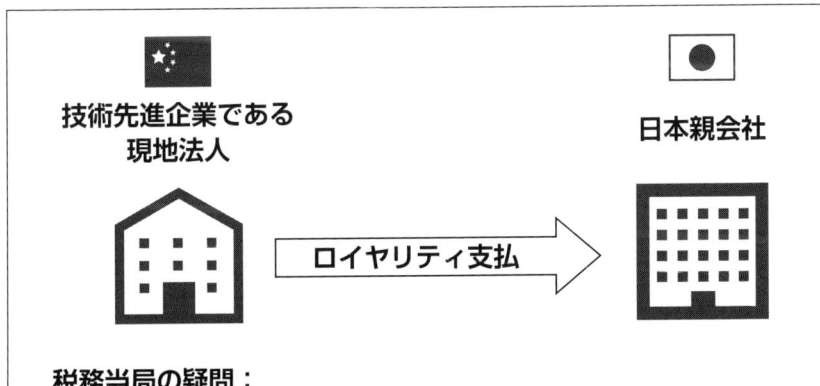

技術先進企業である
現地法人

日本親会社

ロイヤリティ支払

税務当局の疑問:
　技術が高いのになんでロイヤリティを支払う必要があるの?
　本当は技術が低いの?

Q26 PE課税の理論と実務（対応策）

中国においてPE課税は非常に厳しく行われていると聞きました。PE課税は日本にもあり、国際的な課税概念だと思うのですが、中国のPEは日本のものとどう違うのでしょうか？　また、中国現地法人へ出向している駐在員にもPE課税があると聞きましたが、現在でも駐在員がPE課税を受けるリスクがあるのでしょうか？　なんとなく理不尽な課税のイメージがありますが、日本企業側で予測や対策をすることは可能なのでしょうか？

A

おっしゃるとおり、PEは国際的な課税概念ですが、固定的な場所をもってPE課税を行うタイプの租税条約と異なり、日中租税条約では役務提供PEも規定されているため、固定的な場所がなくてもPE課税がなされることになり、「厳しく行われている」という感覚をお持ちになるのだと思います。ゆえに、実務的に中国の役務提供PEに対する課税姿勢は日本よりも強いという点が日本とは異なる点といえるかもしれません。ただ、これは必ずしも理不尽なものではなく、日中租税条約の役務提供PEの規定及び中国国内法に基づく課税をしているだけであり、日本側はそれほど厳しく運用をしていないとみることもできます。

また、確かに以前は日本から中国への出向者（駐在員）がPEに該当するのではないかという問題が一部地域で少しの間だけありました。こちらは確かに日本の税務の発想からすると理解がしづらい解釈でしたが、現在ではそういった課税は実務的には行われることはほぼなくなったようです。ゆえに、現在では中国のPE課税も規定と、一定の合理性に基づき行われていますので、予測と対策が可能な課税ではないかと考えています。

🏯　解　説

　PE 課税は日本側の税務ではそれほど一般的ではありませんし、また、日本の課税庁が納税者から申告されていない PE について、積極的に補足して PE 認定をしている事例もそれほど多くはないようです。ゆえに、日本側の専門家ではイメージしづらい点もあるかと思いますので、中国側の根拠を確認して、実務とその対応策について述べたいと思います。

1　PE 課税の根拠と課税関係

(1)　PE の原則説明

　PE（Permanent Establishment：恒久的施設）とは中国に現地法人・駐在員事務所を有していない外国企業などが、出張などで中国にて事業を行う場合、登記上の現地法人・駐在員事務所がなくても、法人などとみなして事業体としての課税を行うという、租税条約・国内税法により定められている課税上の概念を指します。

(2)　根拠規定

　上記は規定にも明記されており、以下のとおりとなっています。

　①　日中租税条約第 5 条（一部意訳）

　日本の企業が中国国内において使用人その他の職員を通じてコンサルタントの役務を提供する場合には、このような活動が単一のプロジェクト又は複数の関連プロジェクトについて 12 か月の間に 6 か月を超える期間行われるときに限り、当該日本の企業は、中国国内に「恒久的施設」を有するものとされる。

　②　企業所得税法第 3 条

　外国法人が中国国内に機構・拠点を設けている場合には、その機構・拠点が獲得した中国国内源泉所得、及び国外で発生したがその機構・拠点と実質的な関係のある所得に対して企業所得税を納付しなければならない。

（3）　PE 課税が行われた場合の課税関係

上記の規定を根拠に、実際に中国で PE 課税が行われたときの課税関係は一般的には以下のとおりとなります。

①　企業所得税・増値税

帳簿による実績数値、若しくは税務局が経費などからみなし利益率等により総収入・推定利益を算出し、当該収入・推定利益に基づき、企業所得税 25 ％及び増値税が課税されることとなります。

②　個人所得税

PE 認定がされた場合、当該 PE の関連者には日中租税条約の短期滞在者免税の適用がなくなり、日本本社負担の給与であっても中国国内負担給与として個人所得税が課税されます。

2　プロジェクトの登記（非居住者による中国国内請負工事・役務提供の登記）義務（国家税務局令 2009 年第 19 号）

また、上記の PE の原則のほか、2009 年より開始された国家税務総局による非居住者の課税強化の方針から、非居住者が中国内で行う建築・コンサルティング等の請負契約を締結した場合、契約書の締結日から 30 日以内に管轄税務局への登記が法律上は義務づけられています。これで、中国国内での役務提供を把握しておき、役務期間が 6 か月以上（実務公告により 6 か月を 183 日と読み替えることとされています）となる場合は PE 課税が生じるというものです。ただし、当該規定が実務上どこまで機能しているかは地域差もありますので、現地専門家に相談をするのが有効であると考えます。

◆イメージ図

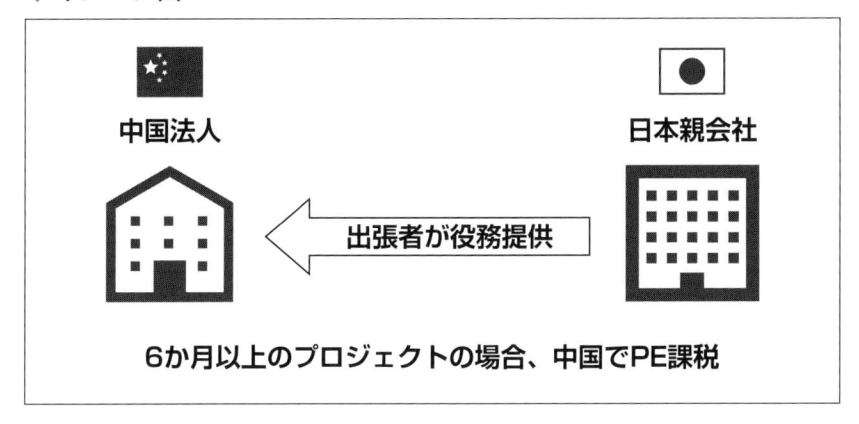

中国法人　　　　　　　　　　日本親会社

出張者が役務提供

6か月以上のプロジェクトの場合、中国でPE課税

3　PE 課税の結論と必要なアクション

（1）　理論的取扱い（まとめ）

　上記規定のとおり、出張者が実施するプロジェクトについても、理論上はPE の要件（プロジェクト期間合計が6か月を超過する等）に該当した場合は、PE課税がなされます。プロジェクトのために中国へ滞在し期間（契約書単位ではなく、複数契約を同一プロジェクトとみなされる場合もあります）が6か月を超過する場合、理論上は PE に該当します。また、契約を締結した時点で、税務局へ登記する義務があります。

（2）　必要なアクション（自己申告と納税）

　ゆえに、PE 認定は現実的には税務局からは判明しにくいという面はあるものの、税法上は自己申告して納税する必要があるという結論になります。

　実際のアクションとしては、契約書を税務局へ持参し、税務局と相談して登記、自己申告を行うことになるかと思います。また、PE に該当した結果、短期滞在者免税の適用がなくなる短期出張者については個人所得税を納税します。

4 考えられる対応策（スキーム変更〜中国子会社への出向〜）

ひとつ、面白い対応策して考えられるのは、PE 登記や納税などが煩雑かつ、どちらにせよ日本からの出張者の個人所得税納税が生じ、ビザも取らなければいけないということであれば、出張者を役務提供のプロジェクトの受け手側の法人に出向させてしまい、現地駐在員として業務を行うという方法が考えられます。この方法ですと、給与や現地実費などを現地法人に負担させれば日本法人に対価を支払う必要がなく、日本法人の PE 登記や納税などの煩雑な問題も生じず、場合によっては税負担も少なくなります。役務提供の受け手側が第三者の中国企業等である場合、うまくあてはまらない場合もあると思いますが、役務提供の受け手が日本法人の中国子会社といった場合には検討に値する方法であると考えています。

◆イメージ図

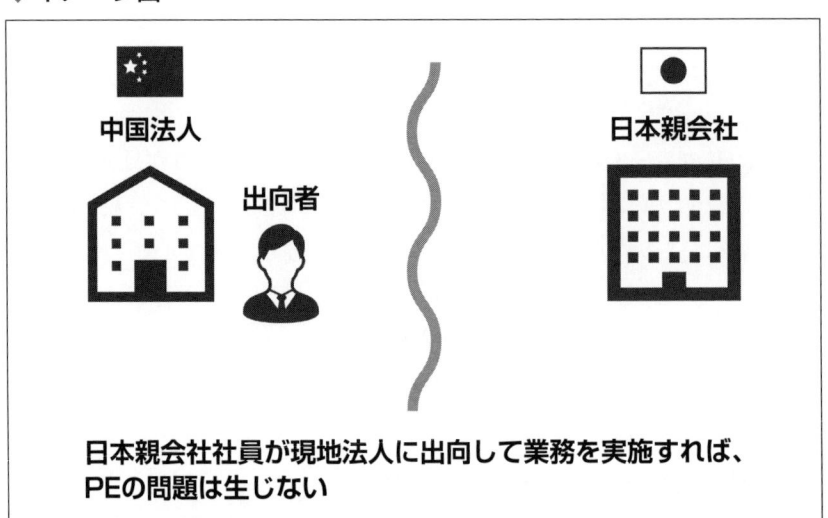

 **プラスα　短期滞在者免税と PE、期間の数え方の違い
暦年か年をまたぐか？**

中国滞在中の日本親会社社員関係の滞在期間のカウントには、

①短期滞在者免税の要件の 183 日の期間

②中国国内法の居住者の 183 日の期間

③PE 該当の 6 か月の期間

と 3 種類てできます。似たような期間であるため混同しそうになりますが、数え方などは異なる部分がありますので、注意する必要があります。具体的には、①、②は暦年で 183 日をカウントしますが、③の 6 か月については、暦年は関係なく、年をまたいでもプロジェクトが 6 か月以上の期間であれば PE に該当するというカウント方法になります（日本と別の国との租税条約では①、②のカウントを、暦年関係なく行うタイプのものもありますので、余計に間違えそうになります）。なお、プロジェクトが 6 か月を超える場合に、「いや、このプロジェクトは A プロジェクトは 4 か月、B プロジェクトは 3 か月で別プロジェクトなのです。ゆえに、PE には該当しません！」という伝統的な言い訳はだめですか？　という質問をよく頂戴しますが、これは当局からの通知で通用しないと明確にされています。

Q27 移転価格税制　特別納税調整

中国にも移転価格税制はあるのでしょうか？　また、移転価格文書化の制度はあるのでしょうか？　制度と実務上の注意点を教えてください。

A

中国では2008年に設けられた企業所得税法の中の第6章特別納税調整という項目の中に海外関連者との税務に関する制度が規定されており、移転価格税制もあります。文書提出義務の制度もあり、関連会社取引金額が有形資産の場合、年間2億元以上等の条件に該当した場合には、日本や他のOECD加盟諸国と同様、マスターファイル等の提出義務や事前確認の制度等もあります。

解　説

1　沿革

2008年に特別納税調整の規定が発効され、国外関連者との税務上の論点として、以下が明確にされました。

①　過小資本税制
②　タックスヘイブン税制
③　移転価格税制
④　一般的租税回避

上記の②に、中国の移転価格税制は規定されています。内容的には日本と同様の価格設方法、文書提出義務、事前確認制度、相互協議などが述べられています。そのうち、文書提出義務については、日本とは基準等が異なっています。

2　文書化の義務

　日本の法人税よりも早くから文書提出義務が課されていました。以下の基準に該当すればローカルファイル提出義務があるほか、日本の別表 17 に相当する関連会社取引報告表も日本に比べ記入内容が多くなっています。

【ローカルファイル要件】

---

① 　海外関連有形資産の譲渡金額が 2 億元を超える

② 　金融資産の譲渡金額が 1 億元を超える

③ 　無形資産の譲渡金額が 1 億元を超える

④ 　その他の関連会社間取引の金額が 4,000 万元を超える

3　単一機能の企業で赤字・収入要件に該当しない場合提出義務あり

　日系企業を悩ませてきたのがこの論点です。上記の数値上の基準以外に、中国法人が単一の機能のみを担っている場合、移転価格文書の提出義務があるとされる場合があります。要は、中国法人はグループ全体の中では単純な下請け機能のみを行うという位置づけであるため、当該業務に相当な対価は必ず受け取り利益が出るべきであり、赤字が出るのはおかしいといった考え方に基づくものです。

◆イメージ図

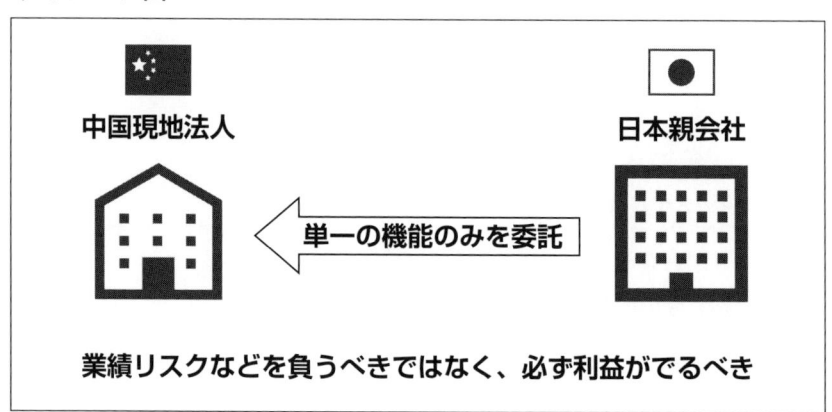

中国現地法人　日本親会社

単一の機能のみを委託

業績リスクなどを負うべきではなく、必ず利益がでるべき

4 事前確認

　また、日本と同様、事前確認制度もあります。ただし、実施事例は必ずしも多くなく、日本同様、大規模世界的企業グループなどの利用が主であると思慮します。

5 相互協議

　日本同様、相互協議もあります。ただし、これも国家間で相互の税務局を巻きこむことになりますので、実施事例は事前確認同様、世界的大規模企業グループなどの利用が主であると思慮します。

プラスα 移転価格調査と通常の税務調査

　移転価格税制を専門のチームが調査してくるのは、一定規模以上の法人の場合が多いと思われます。しかしながら、移転価格専門の調査でなくても、通常の税務調査でも移転価格の考え方を含んだような論点は、通常の税務調査官も指摘してきます。外資企業の国外関連取引は、税務調査で必ず見られる論点ですので、価格の決定根拠や、売上総利益の時点て赤字に

なっていないか？　製品別に損益を集計した際に、赤字になっているもの
がないか？　など、文書化の規模にいたってなくても普段から意識をして
おくべきでしょう。逆に、なかなかそこまで分析できている企業も、一定
規模以下の外資企業ではありませんので、そのレベルの分析、管理までて
きていれば通常の税務調査てあればある程度対応可能てあるともいえます。

Q28 持分譲渡・MA（持分譲渡時の税金）

中国の法人の持分譲渡を検討していますが、持分譲渡についてはどういった税金が中国では課税されるのでしょうか？ また、現在出資者は日本の法人ですが、買い手も日本法人の場合、決済は中国国外で行われてしまうと思います。その場合、持分譲渡益に関する源泉徴収納税はどのように行うのでしょうか？

A

持分譲渡に対しては、譲渡益が生じた場合には企業所得税が10％課税されます。源泉徴収納税は買い手の義務ですが、買い手及び売り手の両方が非居住者である場合、譲渡される中国法人が源泉徴収義務者となり、なんらかの形で持分譲渡先である現地法人を通して納税をする必要があります。また、譲渡価格自体が税務上適正かどうかという論点があり、税務上の時価とされる金額と実際の譲渡価格に乖離がある場合、税務上の適正時価で譲渡をしたものとして譲渡所得税の納税を求められる可能性があります。

解 説

1 中国での課税関係 価格の妥当性

持分譲渡の中国での税務上の論点は2つです。ひとつは価格の妥当性、もうひとつは譲渡益に対する10％の源泉徴収納税となります。価格については、当事者間で合意していても不当に低いと税務局からみなされると適正な時価で譲渡をしたものとして、その価格での譲渡益を算出される可能性があります。なお、適正な時価の算出にあたっては、中国の公的資格である資産評価師から評価証明書を取得するという方法もあります。

2　源泉徴収

　持分譲渡について譲渡益が生じた場合、中国の国内源泉徴収として、譲渡者が企業所得税 10 ％を源泉徴収納税することになります。譲受者が中国居住者であればその者が支払時に源泉徴収納税をし、譲渡者、譲受者ともに非居住者の場合は、譲渡される中国法人を通じて納税をすることになります。

◆日本法人が子会社の中国法人を別の日本法人へ持分譲渡する場合

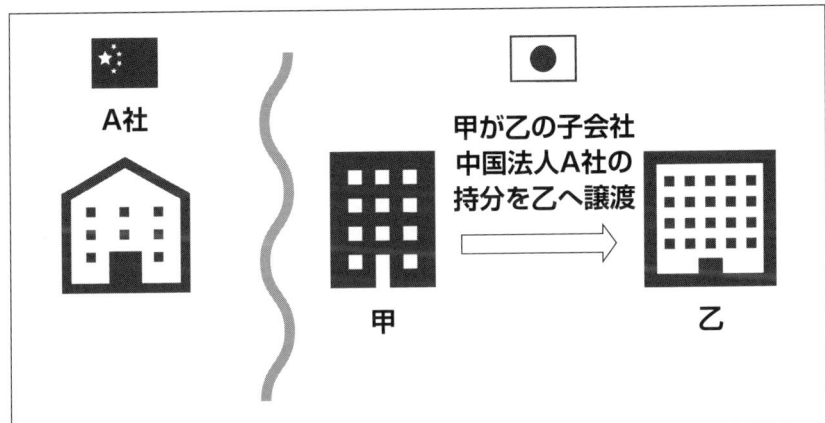

① 甲に譲渡益が発生した場合、譲渡益の10％を中国で源泉徴収
② 乙は源泉徴収企業所得税10％控除後の対価を甲に支払
③ 当該企業所得税はA社が納税する場合もある

Q29 清算に係る税金

中国の現地法人の清算時には税務上はどういった納税が必要でしょうか？ 清算時には厳しい税務調査が実施されると聞きますが、どういった点に注意したら良いでしょうか？ また、税務調査では、過去、どういった指摘事例があったのでしょうか？

A

精算時には、日本と同様、清算事業年度に対して企業所得税が課税され、また、清算配当には配当所得に対する課税がなされます。また、税務登記抹消時には、税務調査が実施されることがあり、企業所得税、増値税、個人所得税といった管轄の税務調査のほか、税関の税務調査も実施されることがあります。指摘事例としては、増値税の納税もれ、過去の個人所得税の納付もれ、保税関係の関税、輸入増値税の納付もれなどが一般的な指摘事例としてはあります。しかし、無理に徴税するというようなものではなく、過去適正に納税をしていれば追加納税なしで清算できるという事例も多数あり、また、調査自体行われないケースも最近では多くなっています。

解　説

1　清算に係る企業所得税

清算時には、全体の清算期限を1事業年度として清算所得に対する企業所得税が課税されます。また、税務調査も実施される場合があり、税務局のみならず、税関の調査も実施されることがあり、保税取引などが多い企業などは指摘事項も多い場合があります。

2 清算時の税務調査での指摘事例

（1） 企業所得税

　発票の精査による費用の損金算入の妥当性、優遇等を受けていた場合は清算が、優遇取消の条件に該当しないかなども確認されます。

（2） 増値税

　発票、輸出入、保税関係の調査により、仕入税額控除にミスがないか、また売上が輸出免税の条件を満たしているかなどが調査されます。

（3） 個人所得税

　外国人駐在員、出張者の申告が適正に行われているか等が精査されます。

（4） 税関、通関関係（関税、増値税）

　増値税同様、輸入、保税関係、特に保税手冊の消込が適正に行われているかが確認されます。なお、日本同様、税関調査は税務署ではなく税関が調査を実施し、清算に限らず日本のイメージより税関調査が頻繁に行われ、かつ、かなり厳しいイメージです。

3 清算を検討する際の実務的対応（税務 DD）

　上記のとおり、精査時には税務調査が実施される場合もあるため、清算を検討する場合は、税務リスクデューデリジェンス調査を実施する場合もあります。これで税務リスクを洗い出し、対策や指摘された場合の対応、資金計画などをたてるというものです。

4 出資者に対する残余財産の分配と税務

　上記を経て債務、未納税金の支払が完了し、残余財産が残っていると日本同様残余財産の分配が可能となります。その際は、税務的には①利益部分（未処分利益累計額と積立金累計額のうち、分配に対応する金額）に対応する支払は配当所

得として課税され、②残余財産の分配のうち、上述の配当所得を控除した後の残額と投資原価（出資者の取得原価）との差額は譲渡損益として課税されることになります。

 プラスα 資金計画

　上記以外にも、清算においては資金計画が重要となります。基本的に全ての財産を換価して、社員の経済補償金も支払っていかなければなりません。資金が不足する場合、事前に増資をする場合もあります。ゆえに税務調査も含めてどのような資金計画になるかの予定を事前に検討しておく必要があります。

　資金が足りない場合、清算手続に入ると追加の資金投入は困難であるため、手続前に増資を行う必要がある場合もあります。一般的な試算例は以下となります。

現地法人貸借対照表

資産	負債
現金化又は処分、損失処理	返済又は債務免除
	資本
	残れば残余財産分配

⬇

上記を整理後の残余キャッシュから、
①　経済補償金
②　税金
③　清算結了までの必要キャッシュを控除して、
必要資金を試算する。

Q30 香港税務概要

香港は中国の一部ですが、一国二制度で税制が異なると聞きました。香港の税制にはどういった特徴があるか教えてください。

A

香港は香港特別行政区として一国二制度が適用されており、税制も異なります。香港の税制の特徴としては、簡素、軽課税という点が挙げられます。日本、中国本土の税制ともかなりの相違があり、中国本土の方が制度的には日本に近いのではと感じる程の差異があります。

解　説

中国ビジネスを専門にしていますと、香港の税制に関するお問い合わせをよく頂戴します。ところが、香港の税制は、中国本土はもちろん日本の税制とも大きく異なっています。香港の税制の特徴は以下のとおりです。

1　キャピタルゲイン課税・オフショア所得課税なし

まず、二大特徴として有名なのが、キャピタルゲイン課税、オフショア所得課税が非課税であるという点です。これは、居住者について全世界所得課税を基本とする一般的な国での課税方法と大きく異なります。

2　交際費の損金算入・欠損金の繰越が無限

また、交際費は事業関連性があれば原則無制限に損金算入、繰越欠損金の繰越期限も無限となっています。交際費は日中ともに損金算入限度額があり、欠損金の繰越期限は日本が10年、中国本土は5年ですので日本や中国本土の税

務専門家からすると、妙にロマンをかきたてられます。

3　家賃も人件費も物価も高い（拠点の意味は？）

　上記のように画期的な税制を持つ香港ですが、一方で物価が高いため拠点の運営コストという点では高くつきます。香港に拠点を持っていても、グループとしてのメリットが良くわからなくなっている企業も少なくありません。「何のために香港に拠点を持つのか？」の検討も必要と考えます。同じ課題はシンガポールにもあるようです。

◆香港法人のメリットデメリットイメージ

メリット	デメリット
①キャピタルゲイン課税なし	①コストが高い
②オフショア課税なし	②外国である
③低税率、欠損金繰越無限	

メリット・デメリットを総合的に判断し、拠点を持つ意味を考える
（実はシンガポールも同じような問題を抱えているようです）

Q31 香港来料加工法人と 日本のタックスヘイブン税制

弊社は香港にいわゆる本土に来料加工工場を持つ法人を有していま
す。その香港法人が日本のタックスヘイブン税制の適用がある場合が
あると聞きました。それはどういうロジックによるものでしょうか？
また、タックスヘイブン税制の適用を避けるためにはどのようにした
ら良いでしょうか？

A

香港は日本のタックスヘイブン税制が規定する軽課税地域に該当しますの
で、適用除外要件に該当しない場合にはタックスヘイブン税制の適用があります。課税のロジックとしては香港法人には事業実態がなく、軽課税地域に所得
をプールしているだけであるため、香港の所得を日本の所得に加算する必要が
あるというものです。

中国本土側の工場が香港法人と一体であるため、適用除外要件に該当しない
というのが日本の税務当局の解釈ですので、現地政府も推奨するとおり、中国
本土側の法人を現地法人化し、香港法人と別法人とするのが、日本の税法上も
現地の政策上も望ましいのではと考えます。

解　説

香港は代表的な日本のタックスヘイブン対策税制対象地域ですが、適用除外
要件に該当した場合は軽課税地域であっても適用されません。タックスヘイブ
ン対策税制問題で有名なものに、香港の来料加工法人について日本のタックス
ヘイブン対策税制が適用になるか否かというものがあります。

1 香港来料加工法人タックスヘイブン問題とは？

タックスヘイブン対策税制とはそもそも軽課税地域（日本より法人税の安い地域）に子会社を設け、そこに所得を形式的に移転することにより、本国での租税負担を不当に回避する行為を防ぐべく設けられた措置です。本来の趣旨としては「形式的な租税回避目的の所得の移転」を防止するための措置です。

2 日本の課税庁の主張（製造業であり工場は香港にない）

日本のタックスヘイブン税制における香港来料加工法人問題では、経済的実態を有するという適用除外要件に該当するか否かが争点となっています。日本の課税庁は、香港法人は製造業であり、製造業の場合、所在地国基準というもので適用除外要件を判定するため、「工場が香港にないじゃないか」ということで適用除外要件には該当しないという主張です。

◆イメージ図

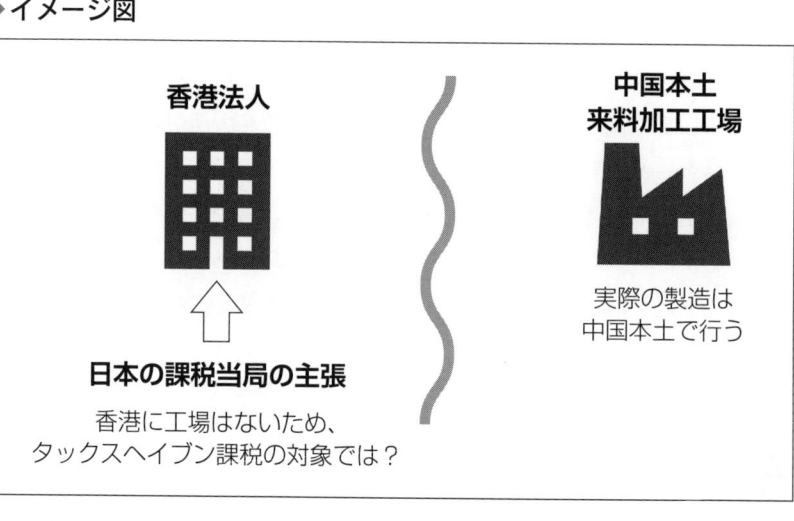

3 確かに製造業に該当しますが……

上記に対して、納税者側は、「香港法人の実態は製造業ではなく卸売業であるから所在地国基準は適用されない」と主張した事例もありましたが、認めら

れませんでした。確かに客観的にみると、来料加工香港法人は製造業と解釈す
るのが自然と筆者も思います。ただ、一方で「香港に工場がない。だから所在
地国基準を満たさず、タックスヘイブン対策税制の対象だ！」というのは、少
し乱暴な論理展開ではないかと筆者は考えます。なぜなら、現地政府の指導で
中国大陸側に工場を持っているだけですし、中国大陸側で実質的に税負担をし
ているという面もあるからです。

4　来料加工工場の現地法人化が日本の法人税法上も望ましい？

　中国政府の政策として、大陸の来料加工工場の法人化が推し進められてきま
したが、現地法人化すると日本のタックスヘイブン対策税制問題もなくなりま
すので、図らずも日本の法人税法上も来料加工工場を現地法人化した方が税務
リスク軽減につながるような格好になっています。

プラスα　中国本土がタックスヘイブンとならないのはなぜか？

　なお、上記のタックスヘイブンの問題で中国本土の現地法人がタックス
ヘイブン税制の対象とならないのはなぜでしょうか？
　税率的には中国本土はタックスヘイブンに該当し、企業所得税法が内資
と外資で統一された際に、タックスヘイブンに該当するケースがあるので
はないかと心配された時期もありました。しかし、これは適用除外要件の
実態基準を満たすもの（実際に事業法人としての機能が中国法人にある）
として、該当しないと考えられています。ただし、理論的には租税回避目
的で中国本土にペーパーカンパニーを所有しているような場合には適用が
あるものと考えます。

Column　来料加工食堂

　中国の青島は海沿いの街であるため、海鮮料理が有名で、私も何度も訪れたことがあります。

　そこで、提携先の中国人律師の先生に、「来料加工食堂」というところに連れて行ってもらったことがありました。「来料加工食堂って何だ？」と最初は意味がわからなかったのですが、実際食事をしてみて理解できました。

　要は、お客さんが材料を市場で買ってきて、それを「来料加工食堂」で調理をしてくれるというわけです。まさに、保税貿易の来料加工工場と同じと理解できました。

　読者の皆さんも青島を訪れた際は、市場で新鮮な魚を選んで「来料加工食堂」を訪れてみてはいかがでしょうか？

索　引

【さ】

【参考文献】

【法務編】

『中国ビジネス法大全』射手矢好雄（時事通信社）

『中国ビジネス法体系』藤本豪（日本評論社）

『実例でわかる　中国進出企業の税務・法務リスク対策―法制度から現地の商慣習まで―』簗瀬正人・趙雪巍（第一法規）

『はじめての中国法務 Q&A』経営法友会中国法務研究会（商事法務）

『中国赴任者のための法務相談事例集』経営法友会中国法務研究会（商事法務）

『中国法実務教本―進出から撤退まで―』大江橋法律事務所中国プラクティスグループ（商事法務）

『2023 新公司法条文釈解』趙旭東／主編、劉斌／副主編（法律出版社）

『中華人民共和国個人情報保護法釈義』楊合慶／主編（法律出版社）

『商業賄賂犯罪司法解釈　適用指南与案例評析』劉志遠／主編（中国方正出版社）

『中国専利法詳解』尹新天（知識産権出版社）

『著作権法評注与案例』冯暁青・楊利華／主編（中国法制出版社）

【税務編】

『中国の投資・会計・税務 Q&A（第七版）』デロイト・トーマツ中国サービスグループ（中央経済社）

『日中主要税法比較 差異の認知で外国税法を理解』下岡郁（中央経済社）

『中国税務総覧』プライスウォーターハウスクーパース（第一法規）

『税務六法』日本税理士連合会（ぎょうせい）

『中国子会社の清算・持分譲渡の実務』森村元（税務経理協会）

『Q&A　海外出張・出向・外国人の税務（第 3 版）』徳山義晃・森村元（税務経理協会）

『Q&A　海外所得・国際相続・贈与の税務』徳山義晃・森村元（税務経理協会）

🖋 執筆者プロフィール

松本　亮（まつもと　りょう）

弁護士／大江橋法律事務所上海代表処　首席代表

2002 年　京都大学法学部卒業

2005 年　大阪市役所勤務を経て大江橋法律事務所入所（事業再生を中心に様々な分野の業務を経験）

2010 年　北京大学法学院に留学

2012 年〜　大江橋法律事務所上海事務所にて執務

中国との関わりは、中学生のとき、祖父に連れられて北京、河北省、山西省等を旅行したことに遡ります。大学生になってからはバックパッカーとして毎年のように中国を訪問し、急速に発展する中国を肌で感じ、中国と関わる仕事がしたいと感じたことがきっかけで、弁護士になってからも中国法務を専門とすることに決めました。現在、中国在住 14 年となり、中国に進出している日系企業のリーガルサポートを専門としながら、案件に応じて日本と中国を行き来する生活をしています。趣味はゴルフ（学生時代はサッカー）、旅行、読書、中国の歴史です。

竹田　昌史（たけだ　まさふみ）

弁護士／大江橋法律事務所上海代表処　一般代表

2006 年　黒田法律事務所入所

2007 年〜2013 年　中国北京に駐在

2016 年〜2021 年　中国上海に駐在

2021 年〜弁護士法人大江橋法律事務所に入所

司法試験合格後に司法修習を 1 年間遅らせて留学した北京で中国に魅了されて、現在まで中国とご縁があります。最近では、中国大陸、台湾の経済発展と共に、日本、中国及び台湾の双方向でのビジネス法務に関与しています。趣味は、ランニング、ゴルフ、サッカー（引退気味）の三本柱です。

森村　元（もりむら　はじめ）

税理士・行政書士／森村国際会計グループ　代表

2005 年　マイツグループ入社。

2009 年〜2013 年　中国大連に駐在し、総経理等歴任。

2015 年　森村国際会計事務所を開業。

日本の税理士知識と海外現地での実務知識の融合を重視している日本人税理士、行政書士。日本企業のアウトバウンドビジネス、外国企業の日本へのインバウンドビジネスのサポートを丁寧に行っています。趣味は中国民族楽器の二胡の演奏。

（森村国際会計グループ）

海外へ進出する日本企業、日本へ進出する外国企業のサポート、相続対策を得意とする国際会計事務所、行政書士事務所、コンサルティング法人。中国語、英語対応可能で、アウトバウンド、インバウンドとも上場企業（日本、中国、アメリカ等）の関連会社の顧客も多数。

http://morimurakokusaikaikei.com/

【著書】

『中国子会社の清算・持分譲渡の実務』（税務経理協会）

『中国・アジア企業　外資・外国人への税務支援入門』（税務経理協会）

『Q&A　海外出張・出向・外国人の税務（第 3 版）』（税務経理協会）

『Q&A　海外進出・海外子会社・越境取引の税務』（税務経理協会）

『Q&A　海外所得・国際相続・贈与の税務』（税務経理協会）

基本からわかる

中国の法務・税務Q&A

2024年10月20日　初版発行

著　者　松本　亮

　　　　竹田昌史

　　　　森村　元

発行者　大坪克行

発行所　株式会社税務経理協会
　　　　〒161-0033東京都新宿区下落合1丁目1番3号
　　　　http://www.zeikei.co.jp
　　　　03-6304-0505

印　刷　美研プリンティング株式会社

製　本　牧製本印刷株式会社

デザイン　株式会社 グラフィックウェイヴ（カバー）

編　集　小林規明

本書についての
ご意見・ご感想はコチラ

http://www.zeikei.co.jp/contact/

ISBN 978-4-419-06985-8　C3032